AF188914

Impressum
Verlag: BABADADA GmbH, Nedderfeld 112 , 22529 Hamburg
Geschäftsführer / Verlagsleitung: Harald Hof
Druck: Books on Demand GmbH, In de Tarpen 42, 22848 Norderstedt

Imprint
Publisher: BABADADA GmbH, Nedderfeld 112 , 22529 Hamburg, Germany
Managing Director / Publishing direction: Harald Hof
Print: Books on Demand GmbH, In de Tarpen 42, 22848 Norderstedt

l'école
โรงเรียน

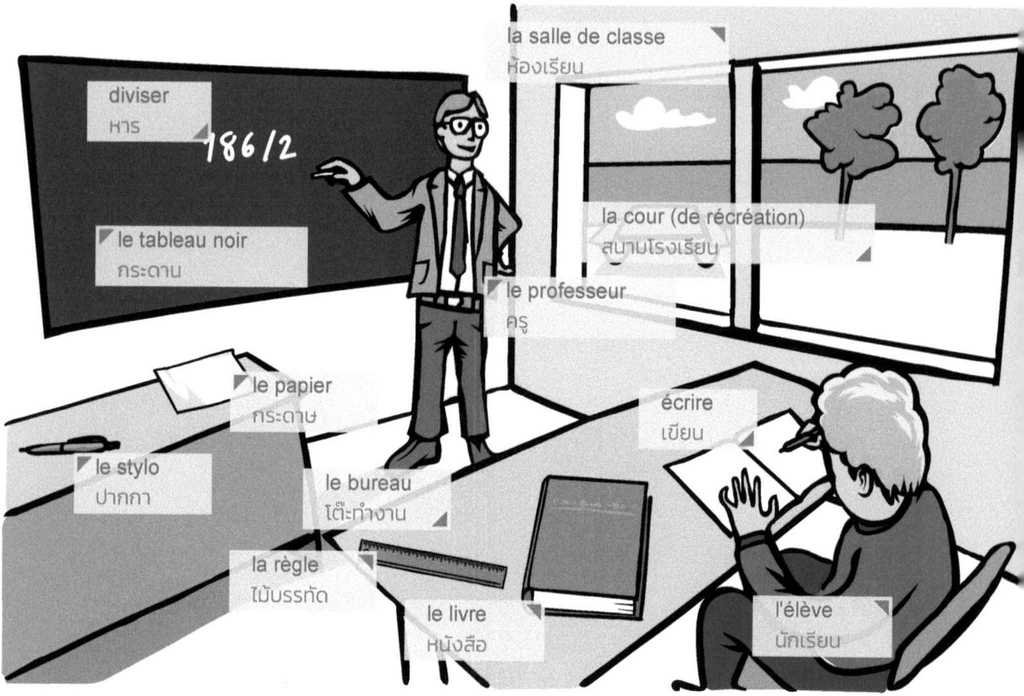

la salle de classe
ห้องเรียน
diviser
หาร
186/2
le tableau noir
กระดาน
la cour (de récréation)
สนามโรงเรียน
le professeur
ครู
le papier
กระดาษ
écrire
เขียน
le stylo
ปากกา
le bureau
โต๊ะทำงาน
la règle
ไม้บรรทัด
le livre
หนังสือ
l'élève
นักเรียน

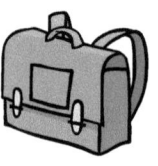

le cartable
กระเป๋าหนังสือ

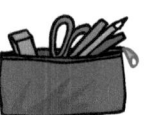

la trousse
กล่องดินสอ

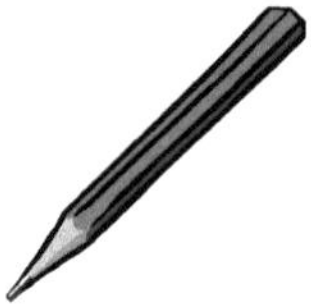

le crayon
ดินสอ

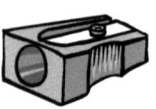

le taille-crayon
กบเหลาดินสอ

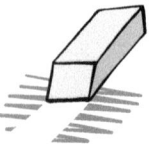

la gomme
ยางลบ

le carnet à dessin
สมุดวาดภาพ

le dessin

ภาพวาด

le pinceau

พู่กัน

la boîte de peinture

กล่องสี

les ciseaux

กรรไกร

la colle

กาว

le cahier d'exercices

สมุดแบบฝึกหัด

les devoirs

การบ้าน

le chiffre

ตัวเลข

additionner

บวก

soustraire

ลบ

multiplier

คูณ

calculer

คำนวณ

la lettre

ตัวอักษร

l'alphabet

อักษรพยัญชนะ

le mot

คำ

le texte

ข้อความ

lire

อ่าน

la craie

ชอล์ก

la leçon

บทเรียน

le livre de classe

ลงทะเบียน

l'examen

การสอบ

le certificat

ใบรับรอง

l'uniforme scolaire

ชุดนักเรียน

la formation

การศึกษา

le lexique

สารานุกรม

l'université

มหาวิทยาลัย

le microscope

กล้องจุลทรรศน์

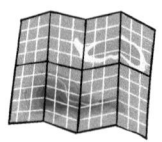

la carte

แผนที่

la corbeille à papier

ตะกร้าใส่เศษกระดาษที่ไม่ใช้แล้ว

le voyage
การท่องเที่ยว

l'hôtel
โรงแรม
Grand
l'auberge
โฮสเทล
ROOMS
le bureau de change
สำนักงานแลกเปลี่ยนเงินตรา
CHANGE
la valise
กระเป๋าเดินทาง
la voiture
รถยนต์

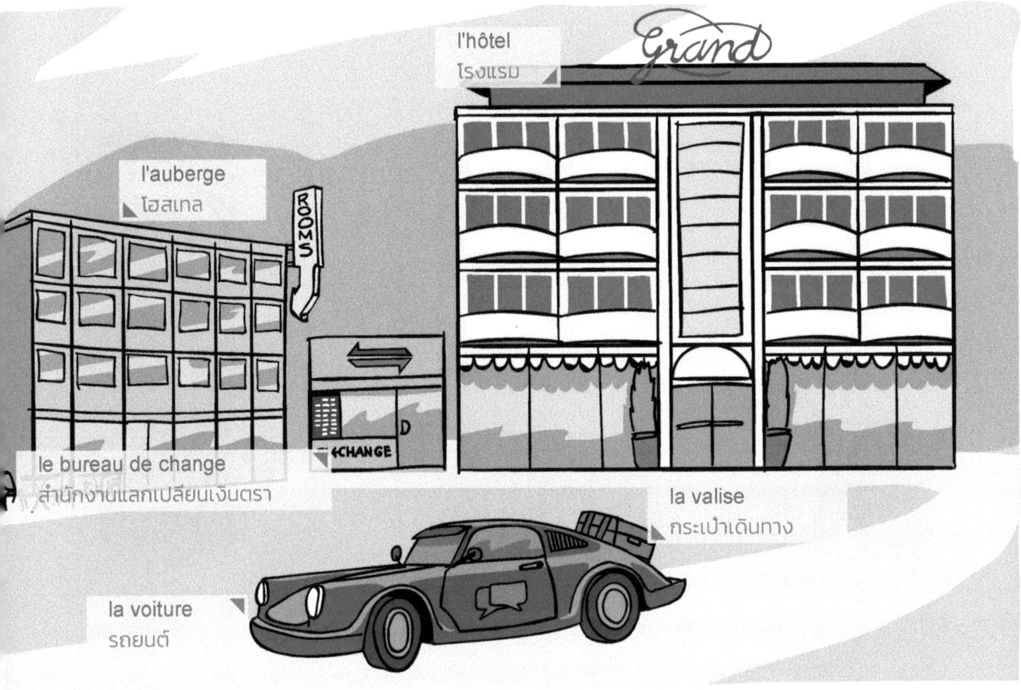

la langue

ภาษา

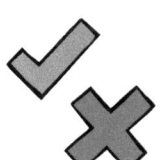

oui / non

ใช่/ไม่ใช่

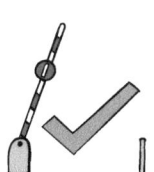

d'accord

ตกลง

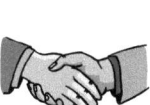

Salut

สวัสดี

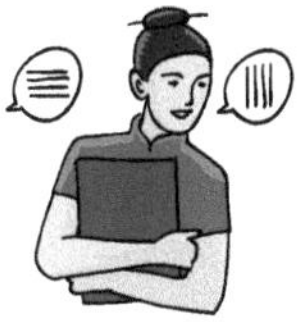

l'interprète

นักแปล

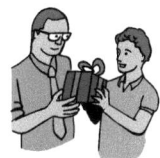

merci

ขอบคุณ

Combien coûte...?

ราคาเท่าไหร่...?

Je ne comprends pas

ฉันไม่เข้าใจ

le problème

ปัญหา

Bonsoir !

สวัสดีตอนเย็น

Bonjour !

สวัสดีตอนเช้า

Bonne nuit !

ราตรีสวัสดิ์

Au revoir

แล้วพบกันใหม่

la direction

ทิศทาง

les bagages

กระเป๋าเดินทาง

le sac

กระเป๋า

le sac-à-dos

กระเป๋าสะพายหลัง

l'hôte

แขก

la pièce

ห้อง

le sac de couchage

ถุงนอน

la tente

เต้นท์

l'office de tourisme

ข้อมูลนักท่องเที่ยว

la plage

ชายหาด

la carte de crédit

บัตรเครดิต

le petit-déjeuner

มื้อเช้า

le déjeuner

มื้อกลางวัน

le dîner

มื้อเย็น

le billet

ตั๋ว

l'ascenseur

ลิฟต์

le timbre

แสตมป์

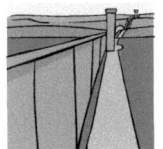

la frontière

พรมแดน

la douane

ภาษีศุลกากร

l'ambassade

สถานทูต

le visa

วีซ่า

le passeport

พาสปอร์ต

le transport

ขนส่ง

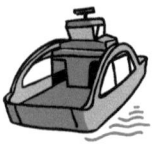

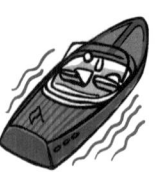

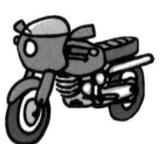

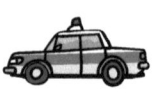

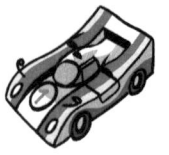

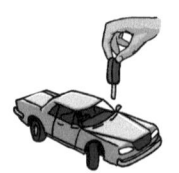

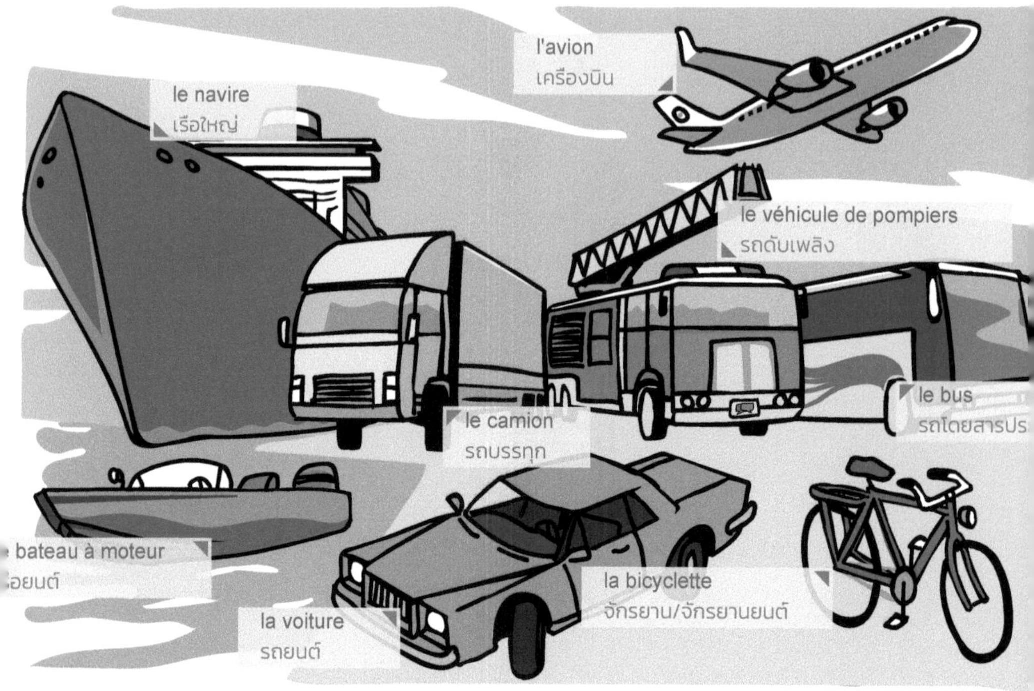

l'avion
เครื่องบิน
le navire
เรือใหญ่
le véhicule de pompiers
รถดับเพลิง
le bus
รถโดยสารปร
le camion
รถบรรทุก
bateau à moteur
อยนต์
la bicyclette
จักรยาน/จักรยานยนต์
la voiture
รถยนต์

le ferry
เรือข้ามฟาก

la barque
เรือ

la moto
รถจักรยานยนต์

la voiture de police
รถตำรวจ

la voiture de course
รถแข่ง

la voiture de location
รถเช่า

l'auto-partage

การแบ่งกันใช้รถยนต์

la voiture de remorquage

รถลาก

la benne à ordures

รถขยะ

le moteur

เครื่องยนต์

l'essence

เชื้อเพลิง

la station d'essence

ปั๊มน้ำมัน

le panneau indicateur

เครื่องหมายจราจร

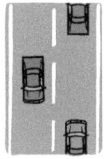

le trafic

การจราจร

l'embouteillage

การจราจรติดขัด

le parking

ที่จอดรถ

la gare

สถานีรถไฟ

les rails

รางรถไฟ

le train

รถไฟ

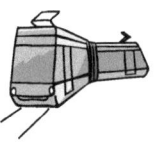

le tramway

รถราง

le wagon

ตู้รถไฟ

l'hélicoptère

เฮลิคอปเตอร์

l'aéroport

สนามบิน

la tour

หอคอย

le passager

ผู้โดยสาร

le conteneur

ตู้บรรจุสินค้า

le carton

กล่องกระดาษ

le chariot

รถเข็น/รถลาก

la corbeille

ตะกร้า

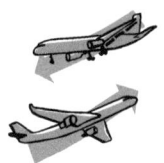

décoller / atterrir

บินขึ้น/ ลงจอด

la ville

เมือง

le village

หมู่บ้าน

le centre-ville

ใจกลางเมือง

la maison

บ้าน

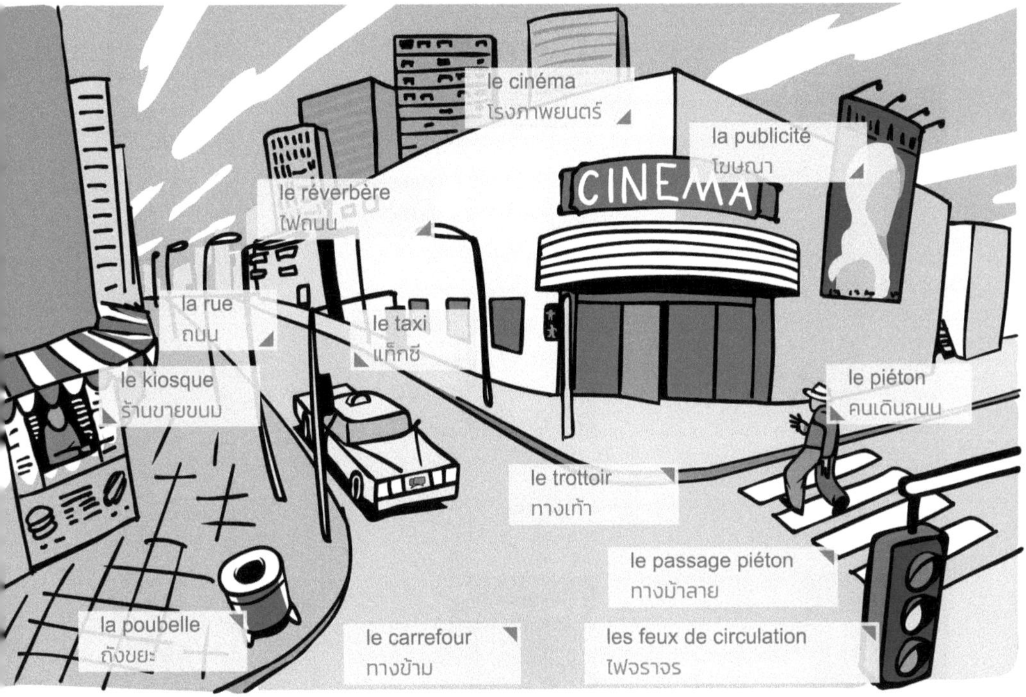

le cinéma
โรงภาพยนตร์
la publicité
โฆษณา
CINEMA
le réverbère
ไฟถนน
la rue
ถนน
le taxi
แท็กซี
le kiosque
ร้านขายขนม
le piéton
คนเดินถนน
le trottoir
ทางเท้า
le passage piéton
ทางม้าลาย
la poubelle
ถังขยะ
le carrefour
ทางข้าม
les feux de circulation
ไฟจราจร

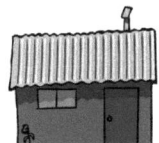

la cabane

กระท่อม

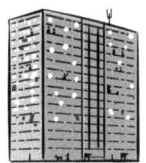

l'appartement

แฟลต

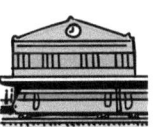

la gare

สถานีรถไฟ

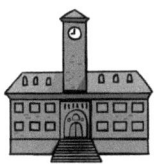

la mairie

ศาลากลางจังหวัด

MUSEUM

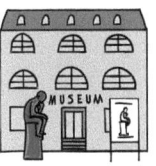

le musée

พิพิธภัณฑ์

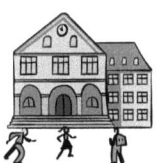

l'école

โรงเรียน

l'université

มหาวิทยาลัย

la banque

ธนาคาร

l'hôpital

โรงพยาบาล

l'hôtel

โรงแรม

la pharmacie

ร้านขายยา

le bureau

สำนักงาน

la librairie

ร้านขายหนังสือ

le magasin

ร้านค้า

le fleuriste

ร้านขายดอกไม้

le supermarché

ซูเปอร์มาร์เก็ต

le marché

ตลาด

le grand magasin

ห้างสรรพสินค้า

la poissonnerie

ร้านขายปลา

le centre commercial

ศูนย์การค้า

le port

ท่าเรือ

le parc
สวนสาธารณะ

la banque
ม้านั่ง

le pont
สะพาน

les escaliers
บันได

le métro
รถไฟใต้ดิน

le tunnel
อุโมงค์

l'arrêt de bus
ป้ายรถเมล์

le bar
บาร์

le restaurant
ร้านอาหาร

la boîte à lettres
ตู้ไปรษณีย์

le panneau indicateur
ป้ายชื่อถนน

le parcmètre
มิเตอร์เก็บค่าจอดรถ

le zoo
สวนสัตว์

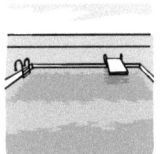

le réverbère
สระว่ายน้ำ

la mosquée
สุเหร่า/มัสยิด

la ferme

ฟาร์ม

la pollution

มลพิษ

la cimetière

สุสาน

l'église

โบสถ์

l'aire de jeux

สนามเด็กเล่น

le temple

วัด

le paysage
ภูมิประเทศ

la feuille
ใบไม้

le panneau indicateur
ป้ายบอกทาง

le chemin
ทาง

le pré
ทุ่งหญ้า

la pierre
ก้อนหิน

l'arbre
ต้นไม้

le randonneur
นักเดินทางไกลด้วยเท้า

la rivière
แม่น้ำ

l'herbe
หญ้า

la fleur
ดอกไม้

la vallée

หุบเขา

la montagne

เนินเขา

le lac

ทะเลสาบ

la forêt

ป่า

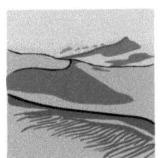

le désert

ทะเลทราย

le volcan

ภูเขาไฟ

le château

คฤหาสน์

l'arc-en-ciel

รุ้งกินน้ำ

le champignon

เห็ด

le palmier

ต้นปาล์ม

le moustique

ยุง

la mouche

แมลงวัน

les fourmis

มด

l'abeille

ผึ้ง

l'araignée

แมงมุม

le coléoptère

แมลงปีกแข็ง

la grenouille

กบ

l'écureuil

กระรอก

le hérisson

เม่น

le lièvre

กระต่ายป่า

la chouette

นกฮูก

l'oiseau

นก

le cygne

หงส์

le sanglier

หมูป่าตัวผู้

le cerf

กวาง

l'élan

กวางมูส

le barrage

เขื่อน

l'éolienne

กังหันลม

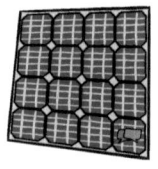

le panneau solaire

แผงโซล่าเซลล์

le climat

สภาพอากาศ

le restaurant

ร้านอาหาร

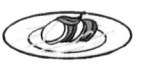

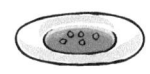

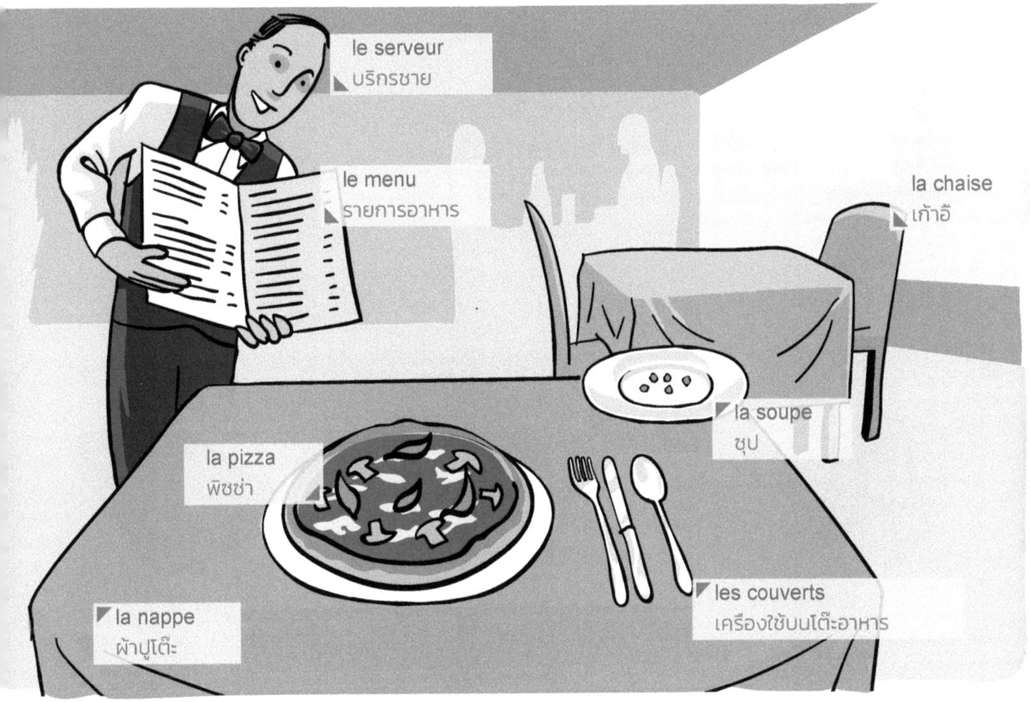
le serveur
บริกรชาย
le menu
รายการอาหาร
la chaise
เก้าอี้
la soupe
ซุป
la pizza
พิซซ่า
les couverts
เครื่องใช้บนโต๊ะอาหาร
la nappe
ผ้าปูโต๊ะ

les hors d'œuvre
อาหารเรียกน้ำย่อย

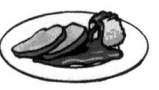

le plat principal
อาหารจานหลัก

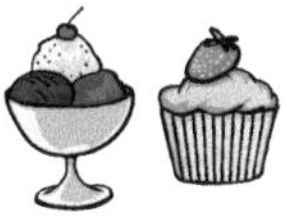

le dessert
ของหวาน

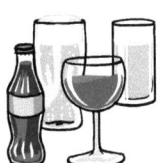

les boissons
เครื่องดื่ม

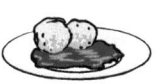

l'alimentation
อาหาร

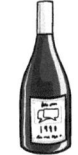

la bouteille
ขวด

le fast-food

อาหารจานด่วน

les plats à emporter

ร้านข้างถนน

la théière

กาน้ำชา

le sucrier

โถใส่น้ำตาล

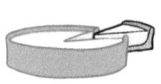

la portion

ส่วนแบ่งอาหารสำหรับหนึ่งคน

la machine à expresso

เครื่องชงกาแฟเอสเปรสโซ่

la chaise haute

เก้าอี้สูง

la facture

ใบเสร็จ

le plateau

ถาด

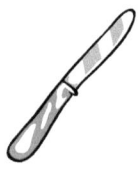

le couteau

มีด

la fourchette

ส้อม

la cuillère

ช้อน

la cuillère à thé

ช้อนชา

la serviette

ผ้าเช็ดปากบนโต๊ะอาหาร

le verre

แก้วน้ำ

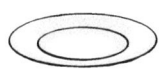

l'assiette

จาน

l'assiette à soupe

จานซุป

la soucoupe

จานรอง

la sauce

ซอส

la salière

กระปุกเกลือ

le moulin à poivre

กระปุกบดพริกไทย

le vinaigre

น้ำส้มสายชู

l'huile

น้ำมันที่ใช้ปรุงอาหาร

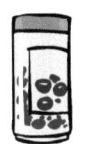

les épices

เครื่องเทศ

le ketchup

ซอสมะเขือเทศ

la moutarde

มัสตาร์ด

la mayonnaise

มายองเนส

le supermarché
ซูเปอร์มาร์เก็ต

l'offre promotionnelle
ข้อเสนอพิเศษ
FOR
le client
ลูกค้า
les produits laitiers
ผลิตภัณฑ์ที่ทำจากนม
les fruits
ผลไม้
le chariot
รถเข็น

BUTCHERS

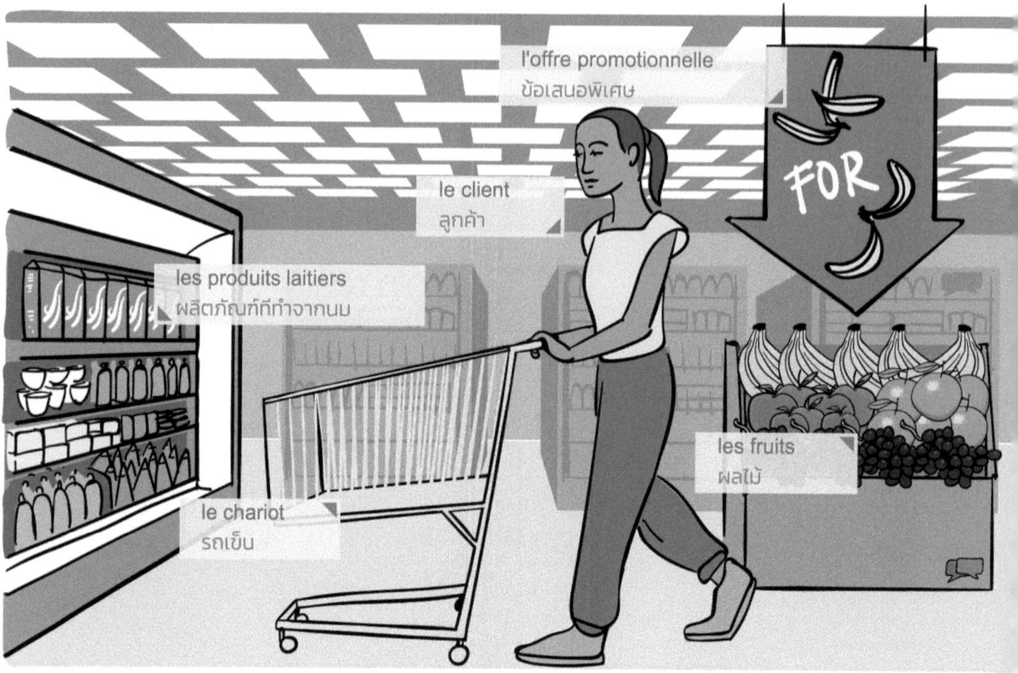

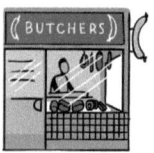

la boucherie
ร้านขายเนื้อ

BAKERY

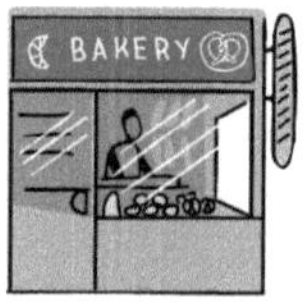

la boulangerie
ร้านขายขนมปัง

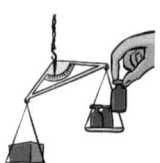

peser
ชั่งน้ำหนัก

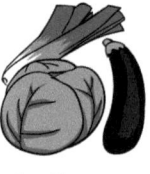

les légumes
ผัก

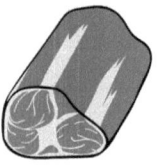

la viande
เนื้อ

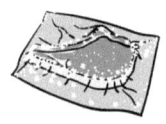

les aliments surgelés
อาหารแช่แข็ง

la charcuterie
อาหารเนื้อตัดเย็น

les conserves
อาหารกระป๋อง

la poudre à lessive
ผงซักฟอก

les bonbons
ขนมหวาน/ลูกกวาด

les articles ménagers
ผลิตภัณฑ์ในครัวเรือน

les détergents
ผลิตภัณฑ์ทำความสะอาด

la vendeuse
พนักงานขายหญิง

la caisse
เครื่องคิดเงิน

le caissier
พนักงานจ่ายเงิน

la liste d'achats
รายการซื้อของ

les heures d'ouverture
เวลาเปิดทำการ

le portefeuille
กระเป๋าสตางค์

la carte de crédit
บัตรเครดิต

le sac
กระเป๋า

le sac en plastique
ถุงพลาสติก

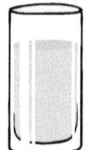

l'eau

น้ำเปล่า

le jus de fruit

น้ำผลไม้

le lait

นม

le coca

โค้ก

le vin

ไวน์

la bière

เบียร์

l'alcool

แอลกอฮอล์

le chocolat chaud

โกโก้

le thé

ชา

le café

กาแฟ

l'expresso

เอสเปรสโซ่

le cappuccino

คาปูชิโน่

la banane

กล้วย

la pomme

แอปเปิ้ล

l'orange

ส้ม

le melon

เมลอน

le citron.

มะนาว

la carotte

แครอท

l'ail

กระเทียม

le bambou

ต้นไผ่

l'oignon

หัวหอม

le champignon

เห็ด

les noisettes

ถั่ว

les pâtes

ก๋วยเตี๋ยว

les spaghetti

สปาเก็ตตี้

le riz

ข้าว

la salade

สลัด

les pommes frites

มันฝรั่งทอด

les pommes de terre rôties

มันฝรั่งทอด

la pizza

พิซซ่า

le hamburger

แฮมเบอร์เกอร์

le sandwich

แซนด์วิช

l'escalope

ชิ้นเนื้อไร้กระดูก

le jambon

แฮม

le salami

ไส้กรอกแห้งชาลามิ

la saucisse

ไส้กรอก

le poulet

ไก่

le rôti

ย่าง/ปิ้ง

le poisson

ปลา

les flocons d'avoine

โจ๊กข้าวโอ๊ต

le muesli

ธัญพืชอบกรอบ

les cornflakes

คอร์นเฟล็ค

la farine

แป้งทำอาหาร

le croissant

ครัวซองค์

les petits-pains

ขนมปังสโคน

le pain

ขนมปัง

le pain grillé

ขนมปังปิ้ง

les biscuits

บิสกิต

le beurre

เนย

le fromage blanc

นมข้น

le gâteau

เค้ก

l'œuf

ไข่

l'œuf au plat

ไข่ดาว

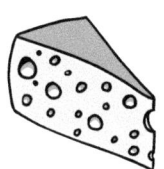

le fromage

ชีส

la glace

ไอศกรีม

le sucre

น้ำตาล

le miel

น้ำผึ้ง

la confiture

แยม

la crème nougat

ช็อกโกแลตครีมสเปรด

le curry

แกงกะหรี่

la ferme
บ้านไร่

la grange
ยุ้งฉาง

la botte de paille
ก้อนฟาง

le champ
ทุ่งนา

le cheval
ม้า

la remorque
รถพ่วง

le tracteur
รถแทรกเตอร์

le poulain
ลูกม้า

l'âne
ลา

le mouton
แพะ

l'agneau
ลูกแกะ

la chèvre
แพะ

la vache
วัวตัวเมีย

le veau
ลูกวัว

le porc
หมู

le porcelet
ลูกหมู

le taureau
วัวตัวผู้

l'oie
ห่าน

le canard
เป็ด

le poussin
ลูกไก่

la poule
แม่ไก่

le coq
ไก่ตัวผู้

le rat
หนู

le chat
แมว

la souris
หนู

le bœuf
วัวตัวผู้สำหรับใช้แรงงานในฟาร์ม

le chien
สุนัข

le chenil
บ้านสุนัข

le tuyau de jardin
สายยางที่ใช้ในสวน

l'arrosoir
บัวรดน้ำต้นไม้

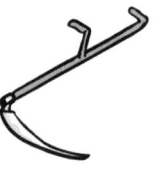

la faucheuse
เคียวด้ามยาว

la charrue
คันไถ

la faucille

เคียว

la pioche

จอบ

la fourche

คราด

la hache

ค้อน

la brouette

รถเข็นล้อเดียว

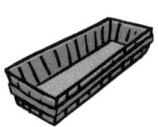

la cuve

รางน้ำ

le pot à lait

ถังใส่นม

le sac

กระสอบ

la clôture

รั้ว

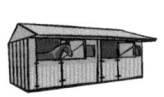

l'étable

คอกม้า

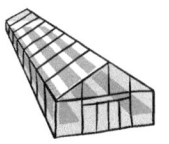

le serre

เรือนกระจก

le sol

ดิน

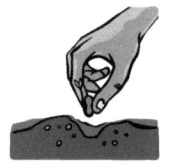

les semences

เมล็ดพืช

l'engrais

ปุ๋ย

la moissonneuse-batteuse

เครื่องเกี่ยวนวดข้าว

récolter
เก็บเกี่ยว

la récolte
การเก็บเกี่ยว

l'igname
มันเทศ

le blé
ข้าวสาลี

le soja
ถั่วเหลือง

la pomme de terre
มันฝรั่ง

le maïs
ข้าวโพด

le colza
ดอกเรพซีด

l'arbre fruitier
ต้นไม้ที่ออกผล

le manioc
มันสำปะหลัง

les céréales
ธัญพืช

la maison
บ้าน

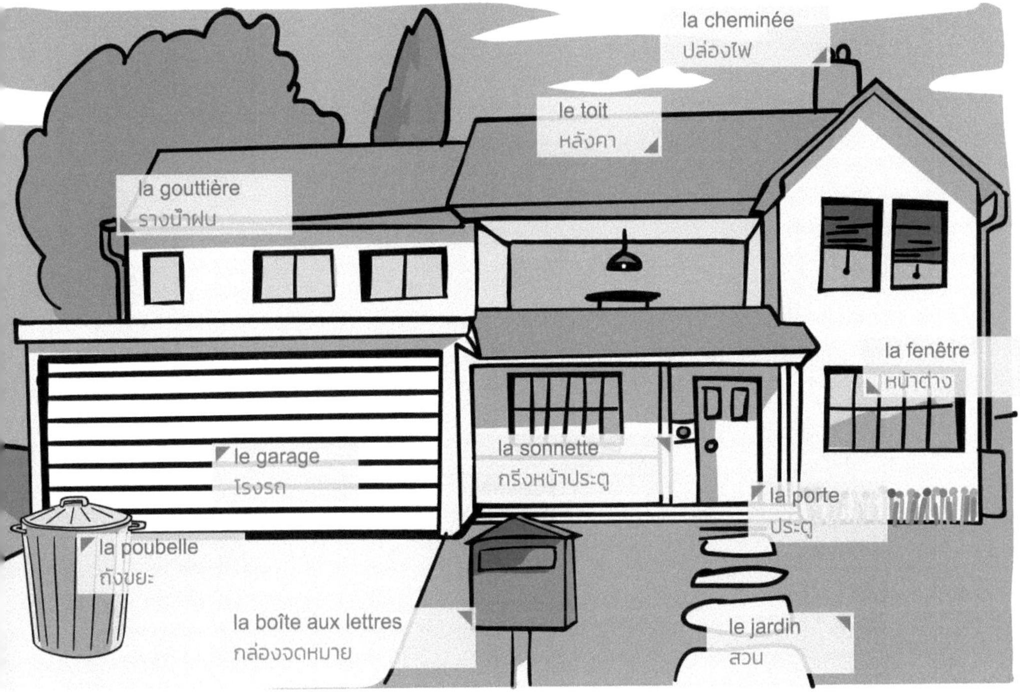

la cheminée
ปล่องไฟ
le toit
หลังคา
la gouttière
รางน้ำฝน
la fenêtre
หน้าต่าง
le garage
โรงรถ
la sonnette
กริ่งหน้าประตู
la porte
ประตู
la poubelle
ถังขยะ
la boîte aux lettres
กล่องจดหมาย
le jardin
สวน

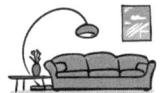

le salon

ห้องนั่งเล่น

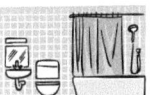

la salle de bain

ห้องน้ำ

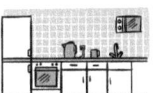

la cuisine

ห้องครัว

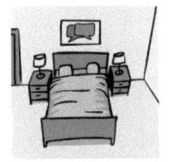

la chambre à coucher

ห้องนอน

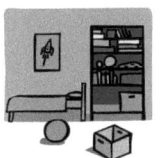

la chambre d'enfant

ห้องพักสำหรับเด็ก

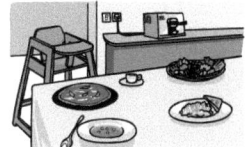

la salle à manger

ห้องอาหาร

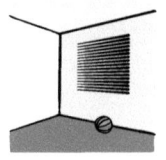

le sol

พื้น

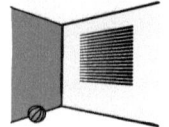

le mur

ผนัง

le plafond

เพดาน

la cave

ห้องเก็บของใต้ดิน

le sauna

ซาวน่า

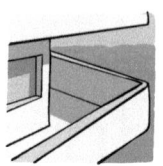

le balcon

ระเบียง

la terrasse

ลานตะพักลำน้ำ

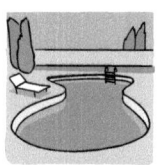

la piscine

สระว่ายน้ำ

la tondeuse à gazon

เครื่องตัดหญ้า

la housse

ผ้าปูที่นอน

la couette

ผ้าคลุมเตียง

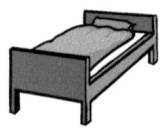

le lit

เตียง

le balai

ไม้กวาด

le sceau

ถังน้ำ

l'interrupteur

สวิตช์

le salon
ห้องนั่งเล่น

le papier peint
วอลเปเปอร์
l'image
ภาพ
la lampe
โคมไฟ
l'étagère
ชั้นวาง
l'armoire
ตู้
la télé
โทรทัศน์
la cheminée
เตาผิง
la fleur
ดอกไม้
le coussin
เบาะ
le sofa
โซฟา
le vase
แจกัน
la télécommande
รีโมทคอนโทรล

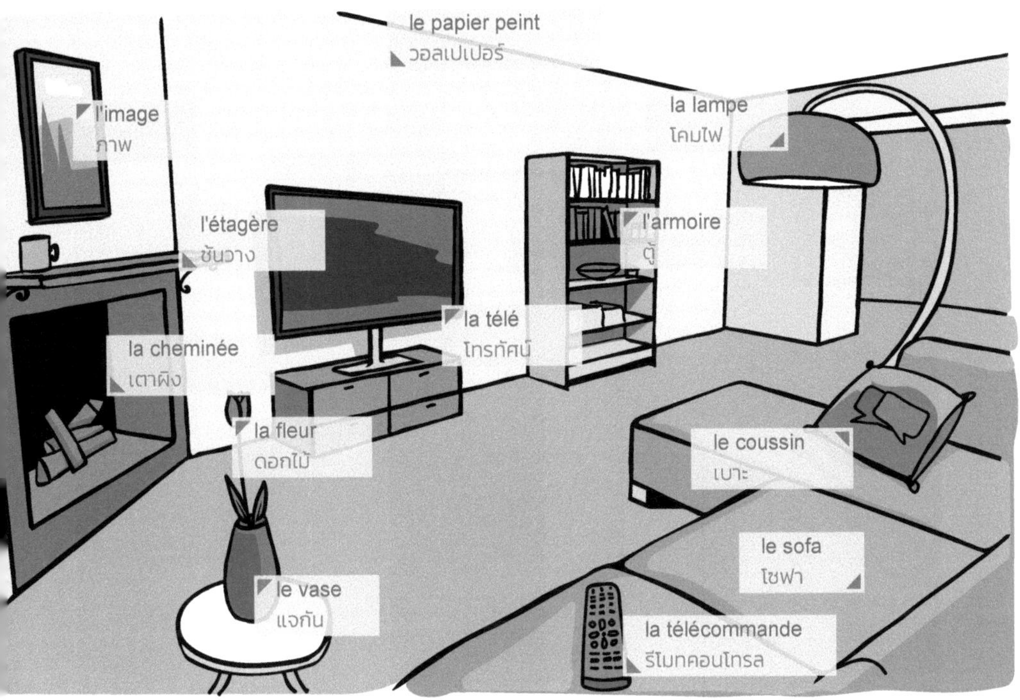

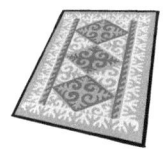

le tapis

พรมเช็ดเท้า

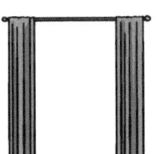

le rideau

ผ้าม่าน

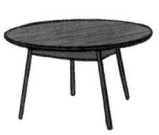

la table

โต๊ะ

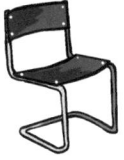

la chaise

เก้าอี้

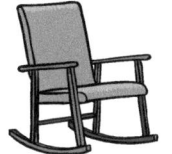

la chaise à bascule

เก้าอี้โยก

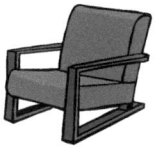

le fauteuil

เก้าอี้ที่มีที่วางแขน

le livre

หนังสือ

la couverture

ผ้าห่ม

la décoration

ของตกแต่ง

le bois de chauffage

ฟืน

le film

ภาพยนตร์

la chaîne hi-fi

เครื่องเสียงระบบไฮไฟ

la clé

กุญแจ

le journal

หนังสือพิมพ์

la peinture

จิตรกรรม

le poster

โปสเตอร์

la radio

วิทยุ

le bloc-notes

สมุด

l'aspirateur

เครื่องดูดฝุ่น

le cactus

ตะบองเพชร

la bougie

เทียนไข

la cuisine
ห้องครัว

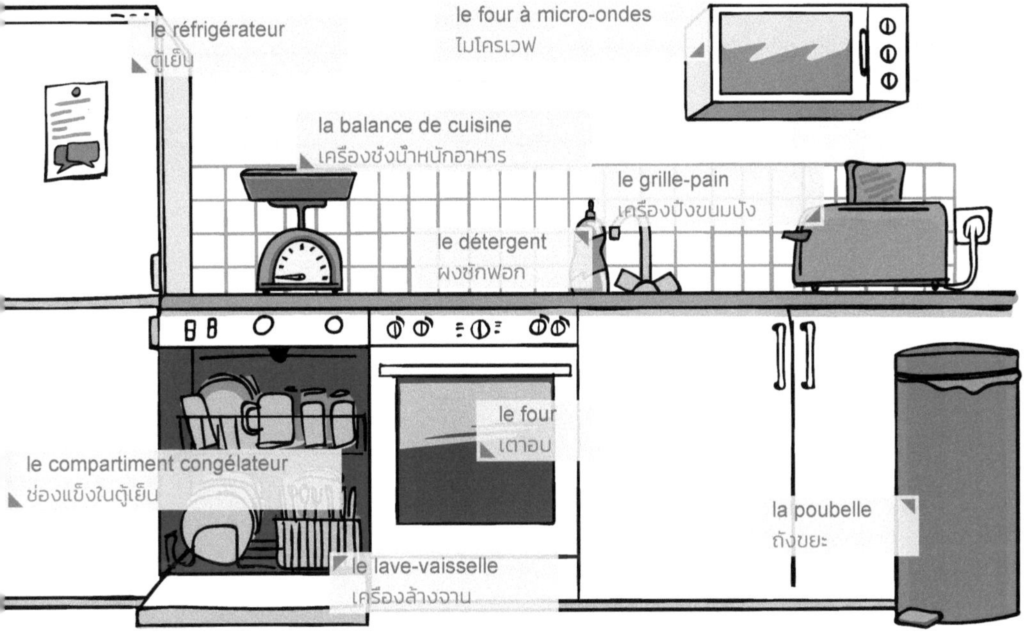
le réfrigérateur
ตู้เย็น
le four à micro-ondes
ไมโครเวฟ
la balance de cuisine
เครื่องชั่งน้ำหนักอาหาร
le grille-pain
เครื่องปิ้งขนมปัง
le détergent
ผงซักฟอก
le four
เตาอบ
le compartiment congélateur
ช่องแข็งในตู้เย็น
la poubelle
ถังขยะ
le lave-vaisselle
เครื่องล้างจาน

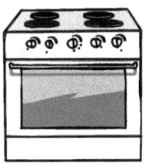

le four

เตาปรุงอาหาร

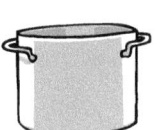

la casserole

หม้อ

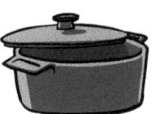

la marmite

หม้อเหล็กหล่อ

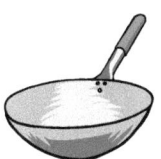

le wok / kadai

กระทะจีน

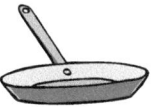

la poêle

กระทะ

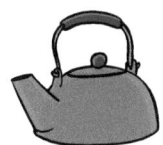

la bouilloire electrique

กาต้มน้ำ

le cuiseur vapeur

หม้อไอน้ำ

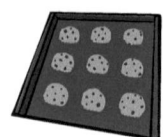

la plaque de cuisson

ถาดอบ

la vaisselle

เครื่องถ้วยชาม

le gobelet

เหยือก

la coupe

ชาม

les baguettes

ตะเกียบ

la louche

ทัพพีด้ามยาว

la spatule

ตะหลิว

le fouet

ที่ตีไข่

la passoire

ที่กรอง

le tamis

กระชอน

la râpe

ที่ขูด

le mortier

ครก

le barbecue

บาร์บีคิว

la cheminée

แคมป์ไฟถาวร

la planche à découper

เขียง

le rouleau à pâtisserie

ไม้นวดแป้ง

le tire-bouchon

สว่านเปิดจุกขวด

la boîte

กระป๋อง

l'ouvre-boîte

ที่เปิดกระป๋อง

les maniques

ถุงมือจับของร้อน

le lavabo

อ่างล้างจาน

la brosse

แปรง

l'éponge

ฟองน้ำ

le mixeur

เครื่องปั่น

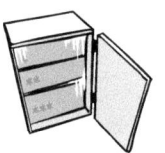

le congélateur

ตู้แช่แข็ง

le biberon

ขวดนม

le robinet

ก๊อกน้ำ

la salle de bain
ห้องน้ำ

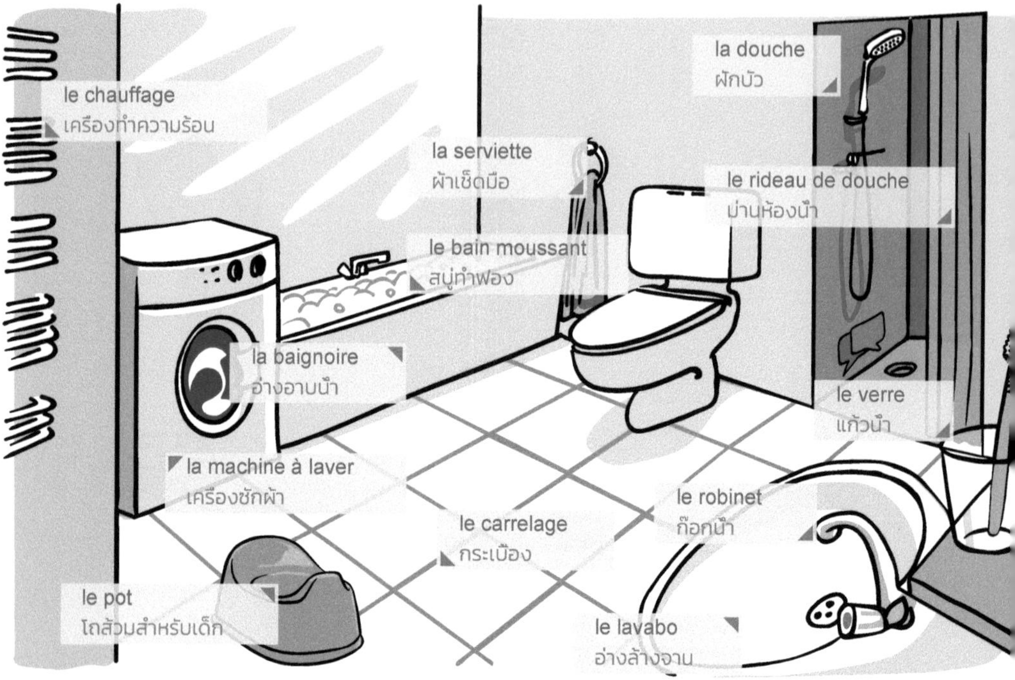

la douche
ฝักบัว
le chauffage
เครื่องทำความร้อน
la serviette
ผ้าเช็ดมือ
le rideau de douche
ม่านห้องน้ำ
le bain moussant
สบู่ทำฟอง
la baignoire
อ่างอาบน้ำ
le verre
แก้วน้ำ
la machine à laver
เครื่องซักผ้า
le robinet
ก๊อกน้ำ
le carrelage
กระเบื้อง
le pot
โถส้วมสำหรับเด็ก
le lavabo
อ่างล้างจาน

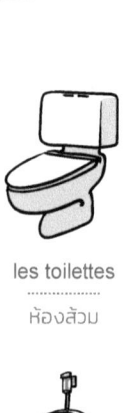

les toilettes

ห้องส้วม

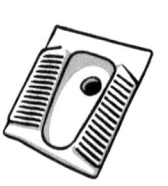

la toilette à la turque

ส้วมนั่งยอง

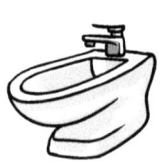

le bidet

โถปัสสาวะหญิง

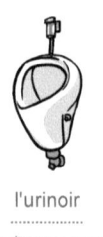

l'urinoir

โถปัสสาวะชาย

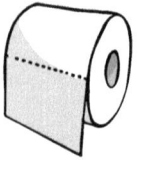

le papier toilette

กระดาษชำระสำหรับใช้ในห้องน้ำ

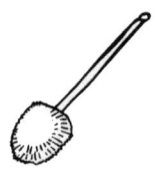

la brosse à toilette

แปรงขัดห้องน้ำ

la brosse à dents

แปรงสีฟัน

le dentifrice

ยาสีฟัน

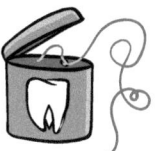

le fil dentaire

ไหมขัดฟัน

laver

ล้าง

la douche manuelle

ฝักบัวมือ

la douche intime

สายฉีดชำระ

la vasque

อ่างล้างหน้า

la brosse dorsale

แปรงถูหลัง

le savon

สบู่

le gel douche

เจลอาบน้ำ

le shampooing

แชมพู

le gant de toilette

ผ้าสักหลาด

l'écoulement

ท่อระบายน้ำทิ้ง

la crème

ครีม

le déodorant

ผลิตภัณฑ์ระงับกลิ่นตัว

le miroir

กระจก

le miroir cosmétique

กระจกถือ

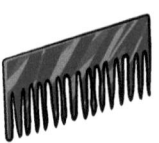

le rasoir

ที่โกนหนวด

la mousse à raser

โฟมโกนหนวด

l'après-rasage

โลชั่นบำรุงผิวหลังโกนหนวด

la peigne

หวี

la brosse

แปรง

le sèche-cheveux

ไดร์เป่าผม

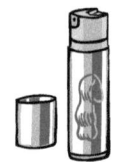

la laque pour cheveux

สเปรย์ฉีดผม

le fond de teint

ชุดเครื่องสำอาง

le rouge à lèvres

ลิปสติก

le vernis à ongles

น้ำยาทาเล็บ

l'ouate

สำลี

le coupe-ongles

กรรไกรตัดเล็บ

le parfum

น้ำหอม

la trousse de toilette

กระเป๋าอาบน้ำ

le tabouret

เก้าอี้สามขา

le pèse-personne

เครื่องชั่งน้ำหนัก

le peignoir

เสื้อคลุมอาบน้ำ

les gants de nettoyage

ถุงมือยาง

le tampon

ผ้าอนามัยแบบสอด

les serviettes hygiéniques

ผ้าอนามัย

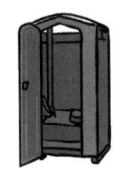

la toilette chimique

ส้วมเคมี

la chambre d'enfant

ห้องพักสำหรับเด็ก

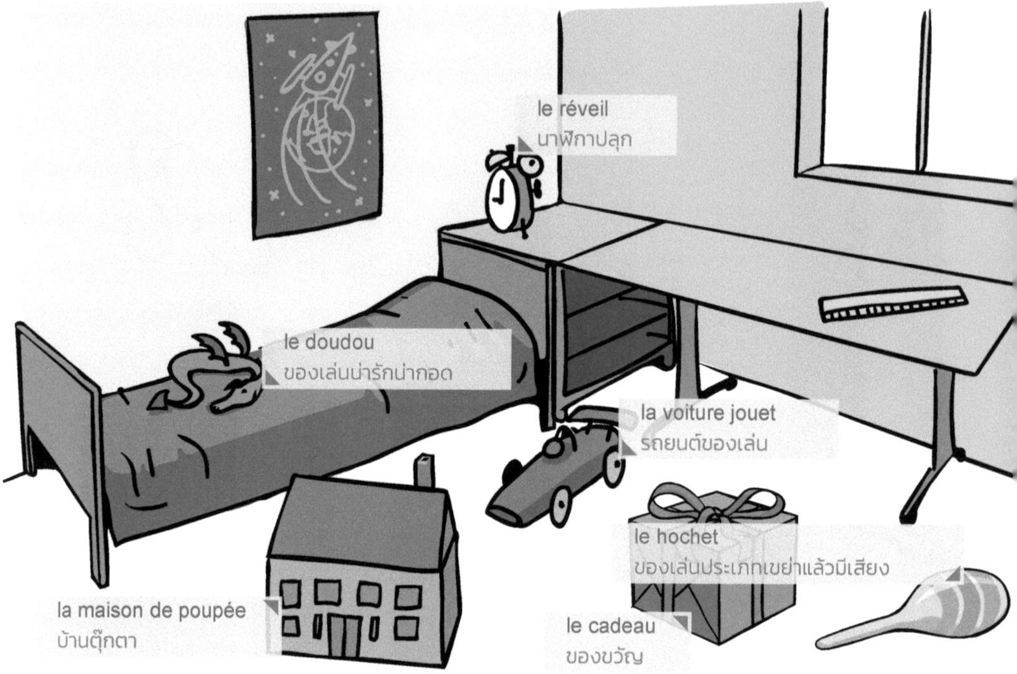

le réveil
นาฬิกาปลุก
le doudou
ของเล่นน่ารักน่ากอด
la voiture jouet
รถยนต์ของเล่น
le hochet
ของเล่นประเภทเขย่าแล้วมีเสียง
la maison de poupée
บ้านตุ๊กตา
le cadeau
ของขวัญ

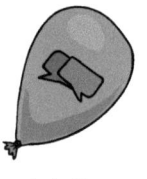

le ballon

ลูกโป่ง

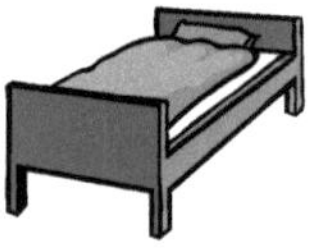

le lit

เตียง

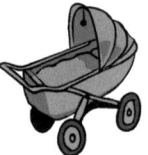

la poussette

รถเข็นเด็ก

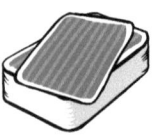

le jeu de cartes

สำรับไพ่

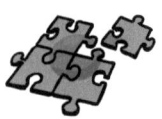

le puzzle

จิ๊กซอว์

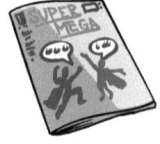

la bande dessinée

หนังสือการ์ตูน

les pièces lego

ตัวต่อเลโก้

les blocs de construction

บล็อกของเล่น

la figurine

ฟิกเกอร์แบบขยับท่าทางได้

la grenouillère

เสื้อผ้าทารก

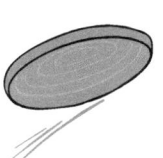

le frisbee

จานร่อน

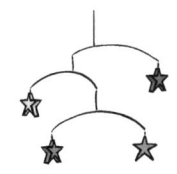

le mobile

โมบายแขวนหัวเตียงเด็ก

le jeu de société

เกมกระดาน

le dé

ลูกเต๋า

le train miniature

ชุดรถไฟจำลอง

la sucette

หุ่น

la fête

ปาร์ตี้

le livre d'images

หนังสือภาพ

la balle

ลูกบอล

la poupée

ตุ๊กตา

jouer

เล่น

le bac à sable

หลุมทราย

la balançoire

ชิงช้า

les jouets

ของเล่น

la console de jeu

เครื่องเล่นวิดีโอเกม

le tricycle

รถจักรยานสามล้อ

l'ours en peluche

ตุ๊กตาหมี

l'armoire

ตู้เสื้อผ้า

les vêtements

เสื้อผ้า

les chaussettes

ถุงเท้า

les bas

ถุงน่อง

le collant

กางเกงรัดรูป

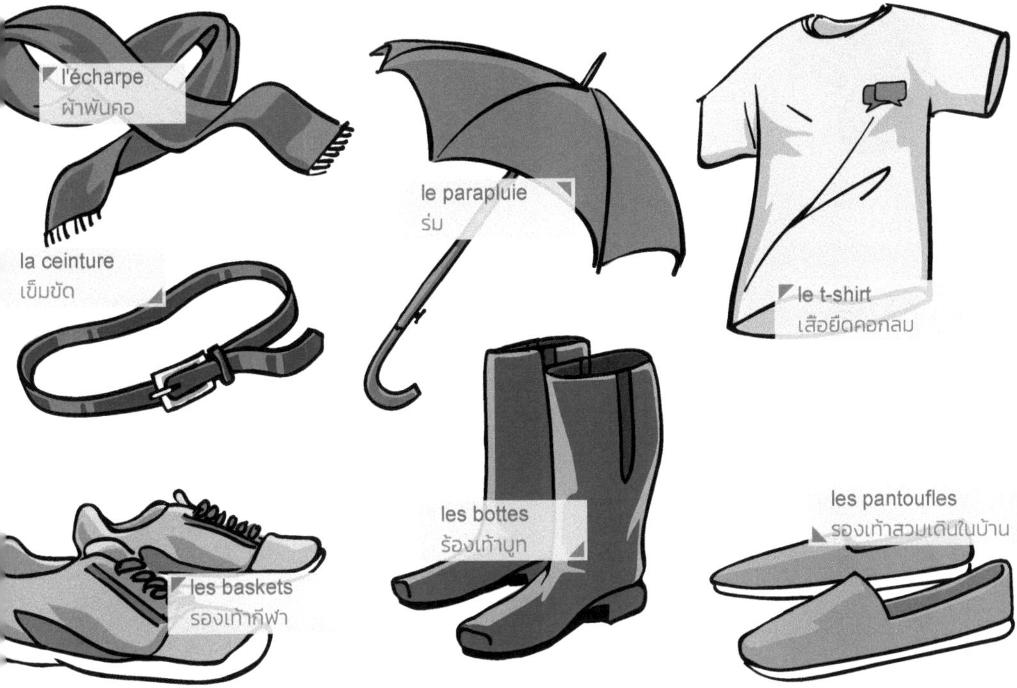

l'écharpe
ผ้าพันคอ

le parapluie
ร่ม

le t-shirt
เสื้อยืดคอกลม

la ceinture
เข็มขัด

les bottes
รองเท้าบูท

les pantoufles
รองเท้าสวมเดินในบ้าน

les baskets
รองเท้ากีฬา

les sandales
....
รองเท้าแตะ

les chaussures
....
รองเท้า

les bottes de caoutchouc
....
รองเท้าบูทยาง

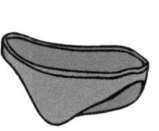

les sous-vêtements
....
กางเกงชั้นใน

le soutien-gorge
....
ยกทรง

le maillot de corps
....
เสื้อกล้าม

les vêtements - เสื้อผ้า

le body

เสื้อรัดรูป

le pantalon

กางเกงขายาว

le jean

กางเกงยีน

la jupe

กระโปรง

le chemisier

เสื้อเชิ้ตสตรี

la chemise

เสื้อเชิ้ต

le pull

เสื้อกันหนาว

le sweat à capuche

เสื้อคลุมมีหมวก

la veste

เสื้อเบลเซอร์

la veste

เสื้อแจ็กเก็ต

le manteau

เสื้อโค้ท

l'imperméable

เสื้อกันฝน

le costume

เครื่องแต่งกาย

la robe

ชุดเดรส

la robe de mariée

ชุดแต่งงาน

le costume

เสื้อสูท

la chemise de nuit

ชุดราตรี

le pyjama

ชุดนอน

le sari

ผ้าส่าหรี

le foulard

ฮิญาบ

le turban

ผ้าโพกศรีษะ

la burqa

เสื้อบุรเกาะ

le caftan

เสื้อคลุมคาฟตาน

l'abaya

เสื้อคลุมอบายะห์

le maillot de bain

ชุดว่ายน้ำ

le maillot de bain

กางเกงว่ายน้ำ

le short

กางเกงขาสั้น

la tenue d'entraînement

ชุดวอร์ม

le tablier

ผ้ากันเปื้อน

les gants

ถุงมือ

le bouton

กระดุม

les lunettes

แว่นตา

le bracelet

กำไลข้อมือ

le collier

สร้อยคอ

la bague

แหวน

la boucle d'oreille

ต่างหู

le bonnet

หมวกแก๊ป

le cintre

ที่แขวนเสื้อโค้ท

le chapeau

หมวกปีกกว้าง

la cravate

เนคไท

la fermeture éclair

ซิป

le casque

หมวกกันน็อก

les bretelles

สายโยงกางเกง

l'uniforme scolaire

ชุดนักเรียน

l'uniforme

เครื่องแบบ

le bavoir

ผ้ากันเปื้อนเด็ก

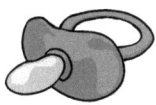

la sucette

หุ่น

la lange

ผ้าอ้อม

le bureau
สำนักงาน

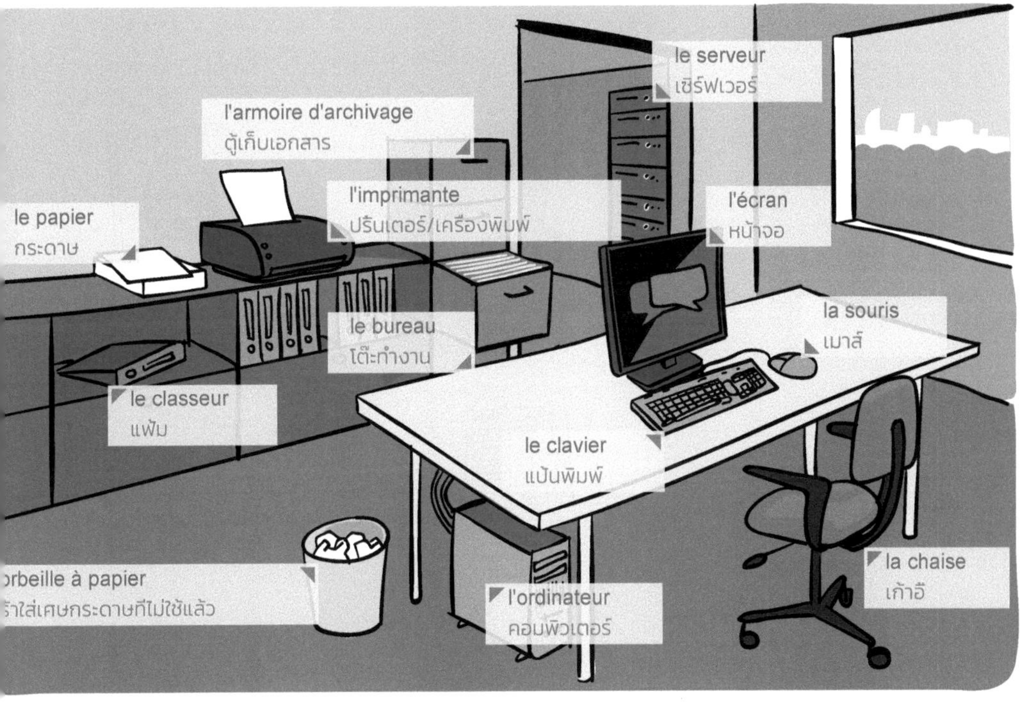

le serveur
เซิร์ฟเวอร์

l'armoire d'archivage
ตู้เก็บเอกสาร

l'imprimante
ปริ้นเตอร์/เครื่องพิมพ์

l'écran
หน้าจอ

le papier
กระดาษ

le bureau
โต๊ะทำงาน

la souris
เมาส์

le classeur
แฟ้ม

le clavier
แป้นพิมพ์

orbeille à papier
ำใส่เศษกระดาษที่ไม่ใช้แล้ว

l'ordinateur
คอมพิวเตอร์

la chaise
เก้าอี้

la tasse de café

แก้วมัคใส่กาแฟ

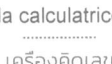

la calculatrice

เครื่องคิดเลข

l'internet

อินเตอร์เน็ต

l'ordinateur portable

คอมพิวเตอร์แบบพกพา

la lettre

จดหมาย

le message

ข้อความ

le portable

โทรศัพท์มือถือ

le réseau

เครือข่าย

la photocopieuse

เครื่องถ่ายเอกสาร

le logiciel

ซอฟต์แวร์

le téléphone

โทรศัพท์

la prise

ปลั๊กตัวเมีย/เต้าเสียบ

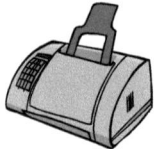

le fax

เครื่องแฟกซ์

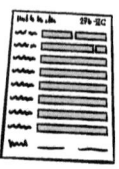

le formulaire

แบบฟอร์ม

le document

เอกสาร

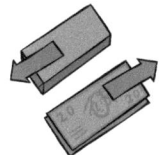

acheter

ซื้อ

payer

จ่าย

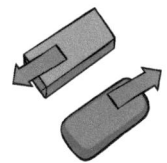

faire du commerce

แลกเปลี่ยน

la monnaie

เงิน

le dollar

ดอลลาร์

l'euro

ยูโร

le yen

เยน

le rouble

รูเบิล

le franc suisse

ฟรังก์สวิส

le renminbi yuan

หยวนเหรินหมินปี้

la roupie

รูปี

le distributeur automatique

เครื่องสำหรับกดเงินสดจากธนา
คาร

le bureau de change

สำนักงานแลกเปลี่ยนเงินตรา

l'or

ทอง

l'argent

เงิน

le pétrole

น้ำมัน

l'énergie

พลังงาน

le prix

ราคา

le contrat

สัญญา

la taxe

ภาษี

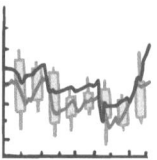

l'action

หุ้น

travailler

ทำงาน

l'employé

ลูกจ้าง

l'employeur

นายจ้าง

l'usine

โรงงาน

le magasin

ร้านค้า

l'agent de police
เจ้าหน้าที่ตำรวจ

le pompier
พนักงานดับเพลิง

le cuisinier
พ่อครัว

le médecin
หมอ

le pilote
นักบิน

le jardinier
ชาวสวน

le menuisier
ช่างไม้

la couturière
ช่างเย็บผ้าที่เป็นผู้หญิง

le juge
ผู้พิพากษา

le chimiste
นักเคมี

l'acteur
นักแสดงชาย

le conducteur de bus

คนขับรถประจำทาง

le chauffeur de taxi

คนขับรถแท็กซี่

le pêcheur

ชาวประมง

la femme de ménage

แม่บ้านทำความสะอาด

le couvreur

ช่างมุงหลังคา

le serveur

บริกรชาย

le chasseur

นายพราน

le peintre

จิตรกร

le boulanger

คนทำขนมปัง

l'électricien

ช่างไฟฟ้า

l'ouvrier

ช่างก่อสร้าง

l'ingénieur

วิศวกร

le boucher

คนขายเนื้อ

le plombier

ช่างประปา

le facteur

บุรุษไปรษณีย์

le soldat

ทหาร

l'architecte

สถาปนิก

le caissier

พนักงานจ่ายเงิน

le fleuriste

คนขายดอกไม้

le coiffeur

ช่างทำผม

le contrôleur

พนักงานตรวจตั๋ว

le mécanicien

ช่างซ่อมรถยนต์

le capitaine

กัปตัน

le dentiste

ทันตแพทย์

le scientifique

นักวิทยาศาสตร์

le rabbin

แรบไบ

l'imam

อิหม่าม

le moine

พระ

le prêtre

พระ/นักบวช

les outils
เครื่องมือ

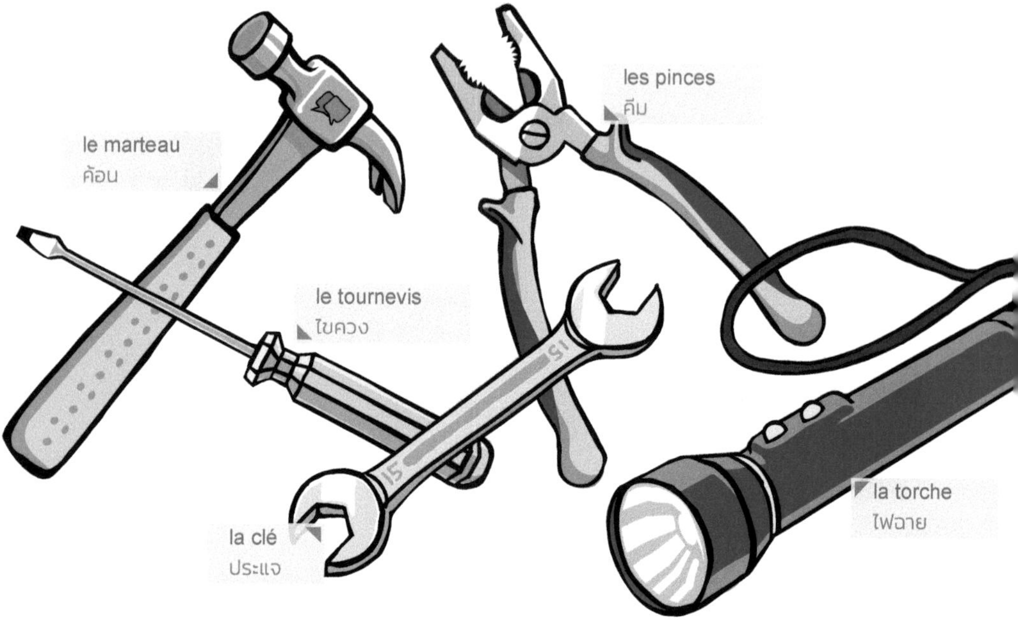
les pinces
คีม
le marteau
ค้อน
le tournevis
ไขควง
la torche
ไฟฉาย
la clé
ประแจ

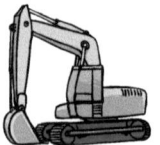

la pelleteuse

เครื่องขุด

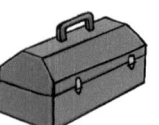

la boîte à outils

กล่องเครื่องมือ

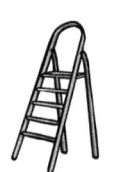

l'échelle

กระได

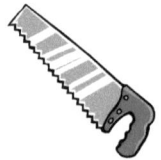

la scie

เลื่อย

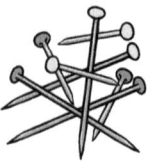

les clous

ตะปู

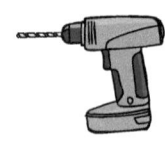

la perceuse

สว่าน

réparer

ซ่อมแซม

la pelle

พลั่ว

Mince !

ตายห่า!

la pelle

ที่โกยขยะ

le pot de peinture

ถังสี

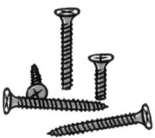

les vis

สกรู

les instruments de musique
เครื่องดนตรี

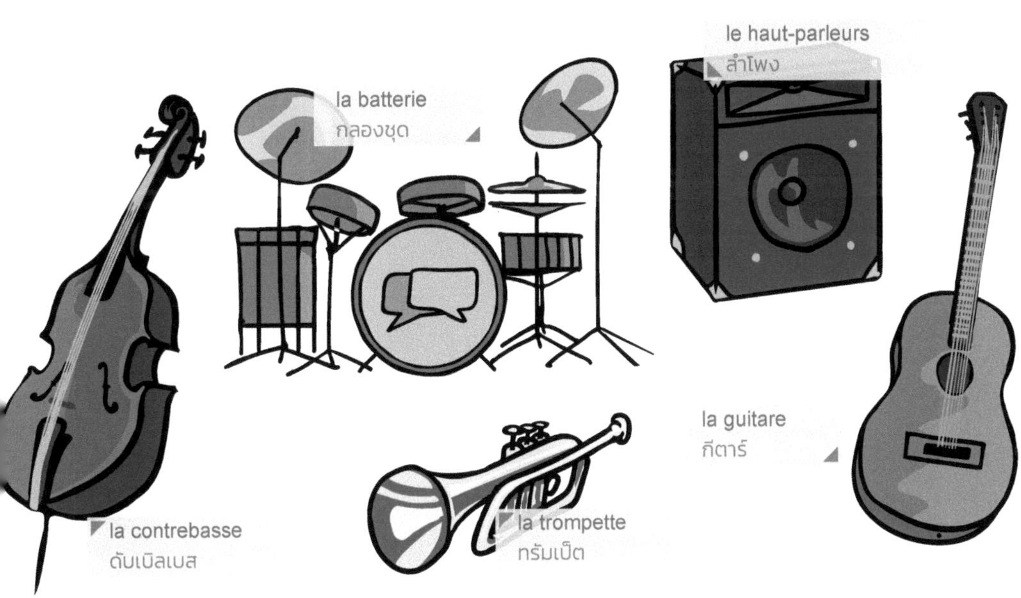

le haut-parleurs
ลำโพง

la batterie
กลองชุด

la guitare
กีตาร์

la contrebasse
ดับเบิลเบส

la trompette
ทรัมเป็ต

le piano

เปียโน

le violon

ไวโอลิน

la basse

เบส

les timbales

กลองทิมปานี

le tambour

กลอง

le piano électrique

คีย์บอร์ด

le saxophone

แซ็กโซโฟน

la flûte

ฟลูต

le microphone

ไมโครโฟน

le zoo

สวนสัตว์

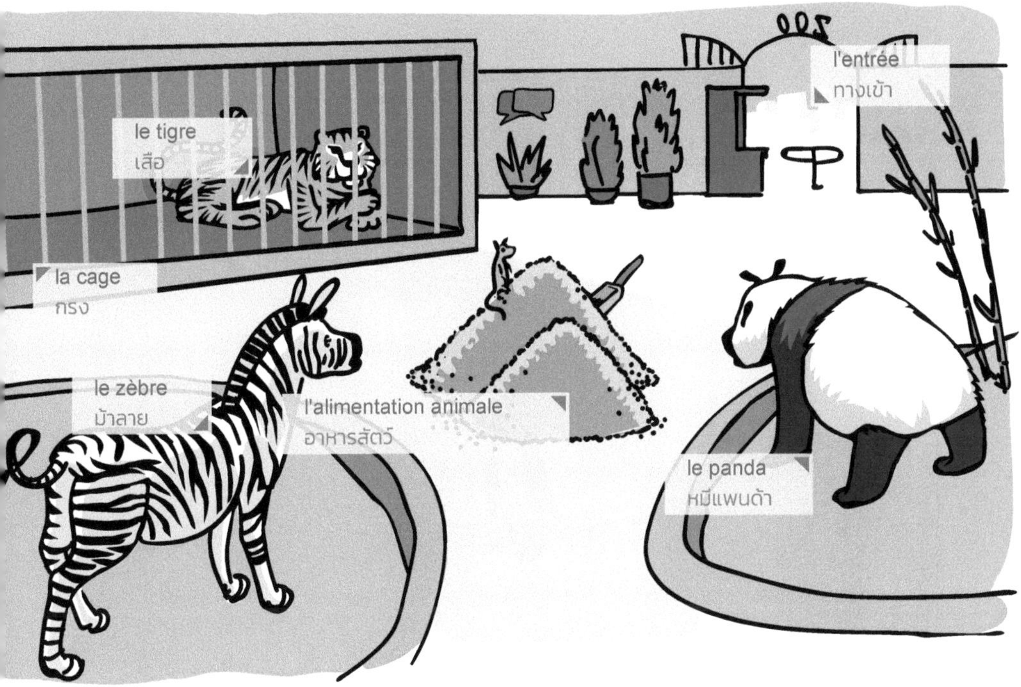
l'entrée
ทางเข้า
le tigre
เสือ
la cage
กรง
le zèbre
ม้าลาย
l'alimentation animale
อาหารสัตว์
le panda
หมีแพนด้า

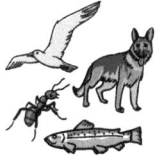

les animaux

สัตว์

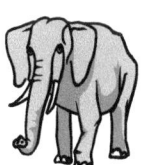

l'éléphant

ช้าง

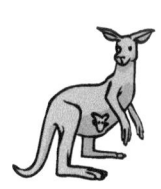

le kangourou

จิงโจ้

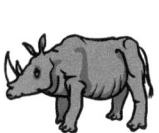

le rhinocéros

แรด

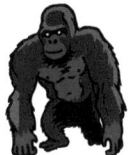

le gorille

กอริลล่า

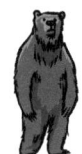

l'ours

หมี

le chameau

อูฐ

l'autruche

นกกระจอกเทศ

le lion

สิงโต

le singe

ลิง

le flamand rose

นกฟลามิงโก

le perroquet

นกแก้ว

l'ours polaire

หมีขั้วโลก

le pingouin

เพนกวิน

le requin

ฉลาม

le paon

นกยูง

le serpent

งู

le crocodile

จระเข้

le gardien de zoo

ผู้ดูแลสัตว์

le phoque

แมวน้ำ

le jaguar

เสือจากัวร์

le poney

ม้าพันธุ์เล็ก

le léopard

เสือดาว

l'hippopotame

ฮิปโป

la girafe

ยีราฟ

l'aigle

เหยี่ยว

le sanglier

หมูป่าตัวผู้

le poisson

ปลา

la tortue

เต่า

le morse

ช้างน้ำ

le renard

จิ้งจอก

la gazelle

กาเซลล์

l'american Football
อเมริกันฟุตบอล

le cyclisme
ขี่จักรยาน

le tennis
เทนนิส

le basket-ball
บาสเกตบอล

la natation
ว่ายน้ำ

la boxe
มวย

le hockey sur glace
ฮอคกี้น้ำแข็ง

le football
ฟุตบอล

le badminton
แบดมินตัน

l'athlétisme
กรีฑา

le handball
แฮนด์บอล

le ski
สกี

le polo
กีฬาโปโลน้ำ

les activités
กิจกรรม

rire
หัวเราะ
sauter
กระโดด
embrasser
กอด
marcher
เดิน
chanter
ร้องเพลง
rêver
ฝัน
prier
ภาวนา/สวดมนต์
faire la bise
จูบ

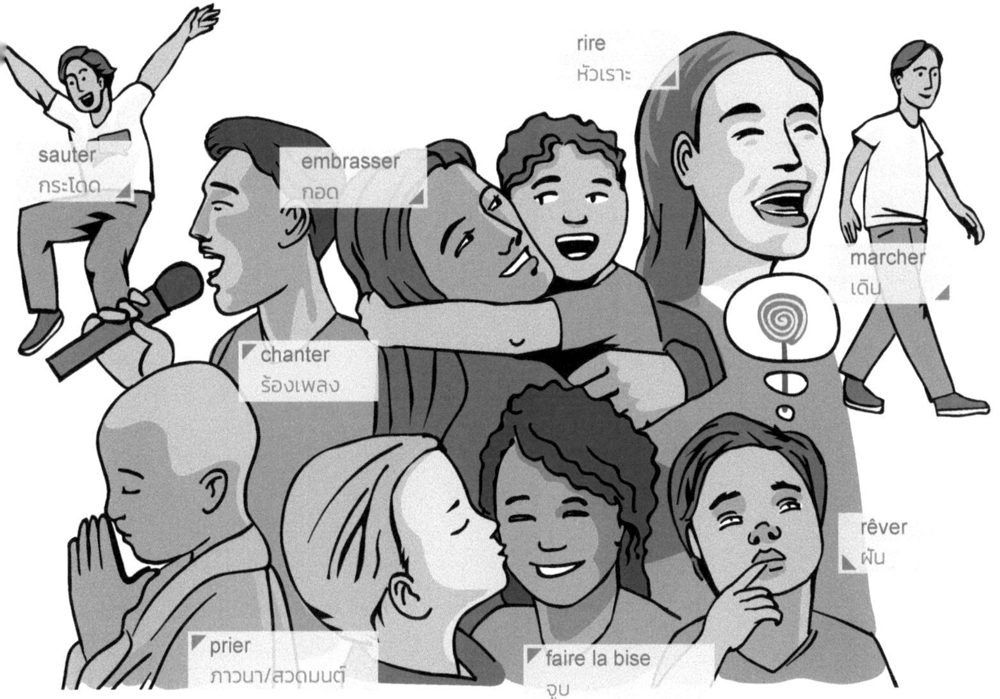

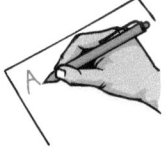

écrire
เขียน

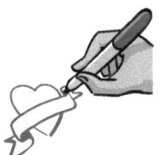

dessiner
วาดภาพ

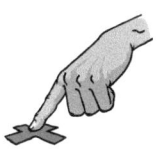

montrer
แสดง

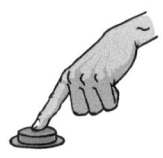

pousser
ผลัก

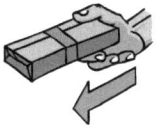

donner
ให้

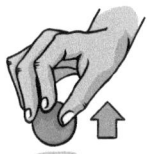

prendre
เอาไป

avoir

มี

faire

ทำ

être

เป็น

être debout

ยืน

courir

วิ่ง

trier

ดึง

jeter

โยน

tomber

ตก/หล่น

être couché

นอนเหยียดยาว

attendre

รอคอย

porter

ถือ

être assis

นั่ง

s'habiller

แต่งตัว

dormir

นอนหลับ

se réveiller

ตื่น

regarder

มองดู

pleurer

ร้องไห้

caresser

ลูบ

peigner

หวีผม

parler

พูดคุย

comprendre

เข้าใจ

demander

ถาม

écouter

ฟัง

boire

ดื่ม

manger

กิน

ranger

จัดให้เป็นระเบียบ

aimer

รัก

cuire

ทำอาหาร

conduire

ขับรถ

voler

บิน

faire de la voile

ล่องเรือ

calculer

คำนวณ

lire

อ่าน

apprendre

เรียนรู้

travailler

ทำงาน

se marier

แต่งงาน

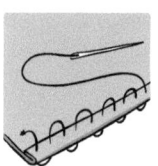

coudre

เย็บ

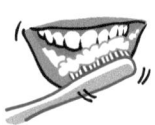

brosser les dents

แปรงฟัน

tuer

ฆ่า

fumer

สูบบุหรี่

envoyer

ส่ง

la famille

ครอบครัว

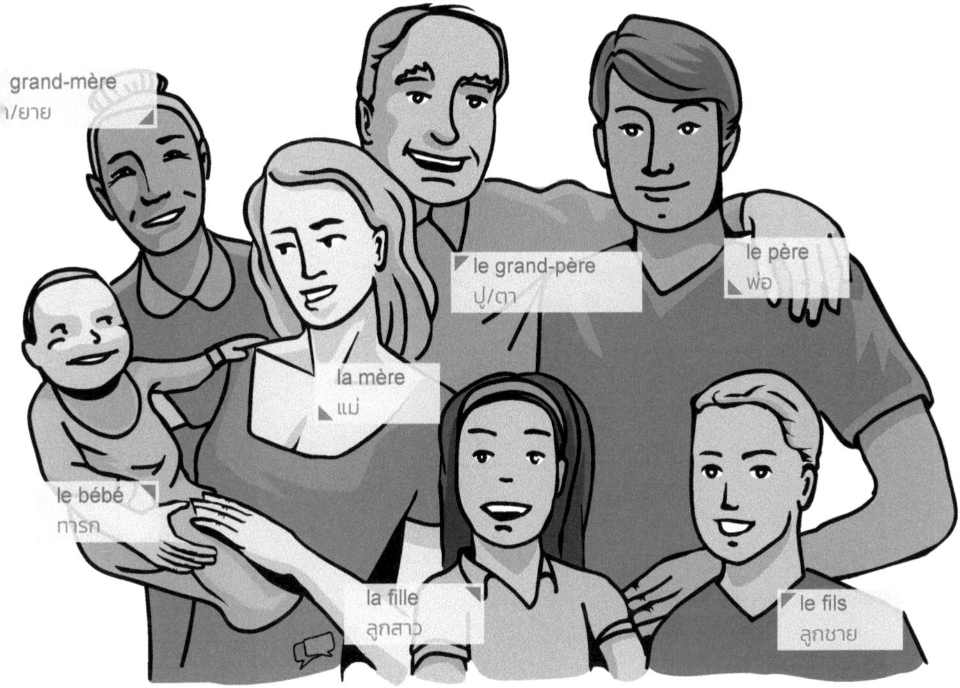
grand-mère
/ยาย
le grand-père
ปู่/ตา
le père
พ่อ
la mère
แม่
le bébé
ทารก
la fille
ลูกสาว
le fils
ลูกชาย

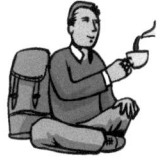

l'hôte

แขก

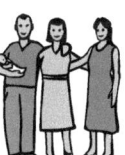

la tante

ป้า

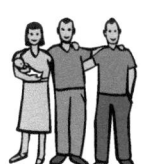

l'oncle

ลุง

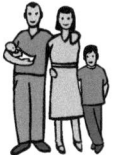

le frère

พี่ชาย/น้องชาย

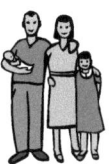

la sœur

พี่สาว/น้องสาว

le corps

ร่างกาย

le front
หน้าผาก
l'œil
ตา
l'épaule
ไหล่
le doigt
นิ้วมือ
le visage
ใบหน้า
le menton
คาง
la main
มือ
la jambe
ขา
la poitrine
หน้าอก
le bras
แขน

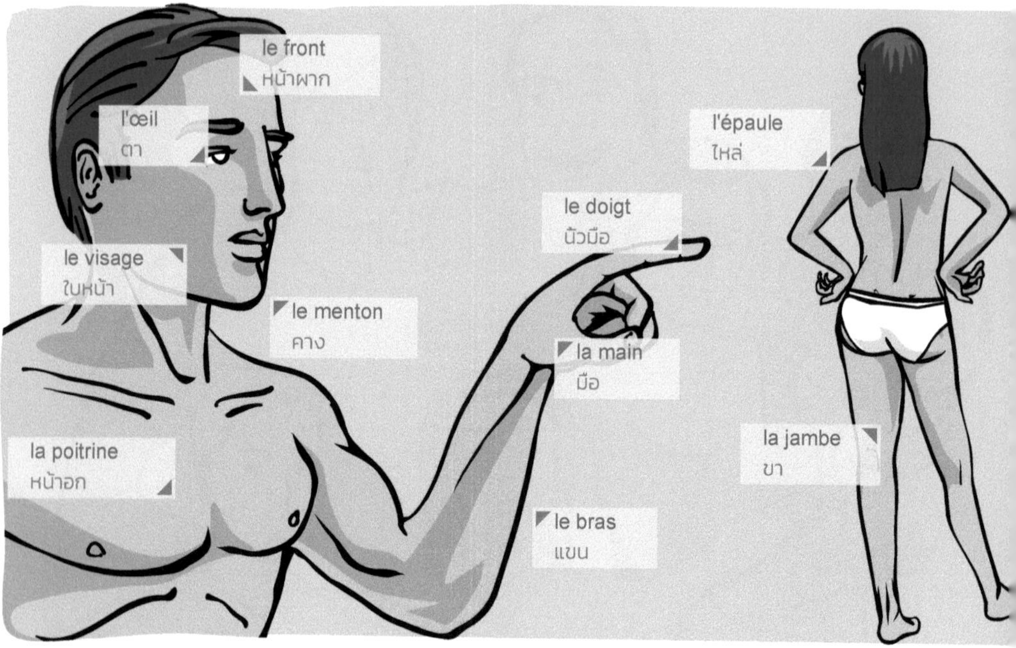

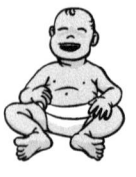

le bébé

ทารก

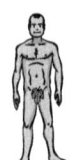

l'homme

ผู้ชาย

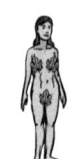

la femme

ผู้หญิง

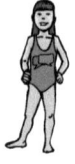

la fille

เด็กผู้หญิง

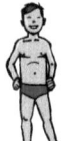

le garçon

เด็กผู้ชาย

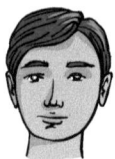

la tête

ศีรษะ

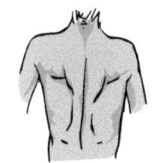

le dos
หลัง

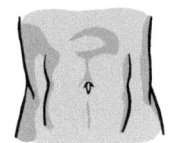

le ventre
ท้อง

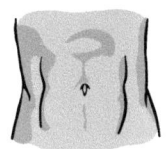

le nombril
สะดือ

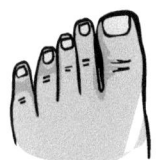

l'orteil
นิ้วเท้า

le talon
ส้นเท้า

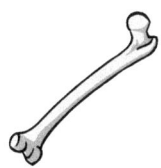

l'os
กระดูก

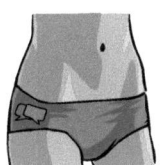

la hanche
สะโพก

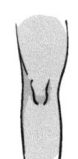

le genou
หัวเข่า

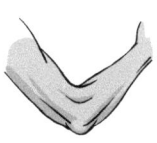

le coude
ข้อศอก

le nez
จมูก

les fesses
ก้น

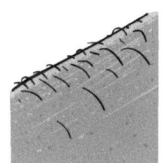

la peau
ผิวหนัง

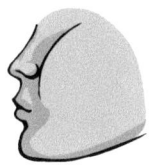

la joue
แก้ม

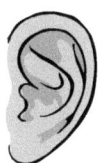

l'oreille
หู

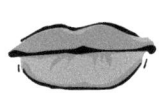

la lèvre
ริมฝีปาก

la bouche

ปาก

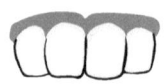

la dent

ฟัน

la langue

ลิ้น

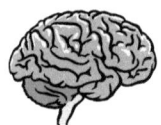

le cerveau

สมอง

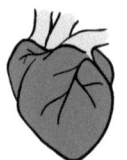

le cœur

หัวใจ

le muscle

กล้ามเนื้อ

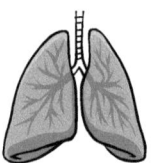

les poumons

ปอด

le foie

ตับ

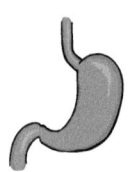

l'estomac

กระเพาะ

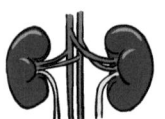

les reins

ไต

le rapport sexuel

เพศสัมพันธ์

le préservatif

ถุงยาง

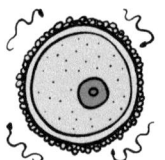

l'ovule

เซลล์ไข่

le sperme

น้ำอสุจิ

la grossesse

การตั้งครรภ์

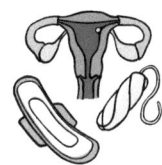

la menstruation

ประจำเดือน

le vagin

ช่องคลอด

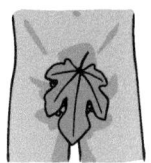

le pénis

องคชาต

le sourcil

คิ้ว

les cheveux

เส้นผม

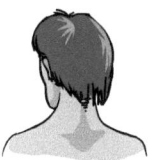

le cou

คอ

l'hôpital
โรงพยาบาล

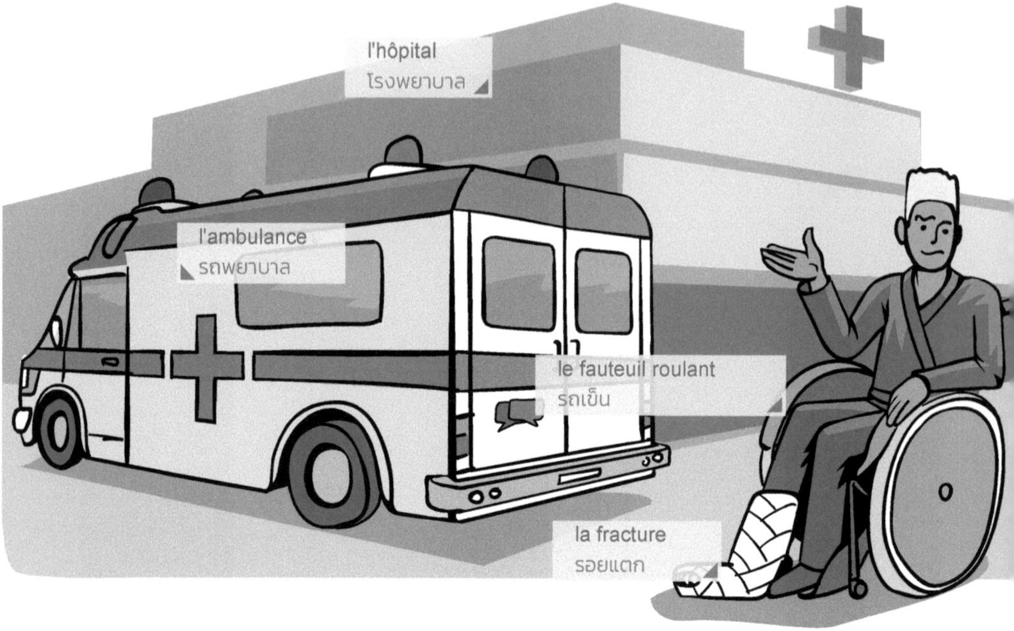

l'hôpital
โรงพยาบาล
l'ambulance
รถพยาบาล
le fauteuil roulant
รถเข็น
la fracture
รอยแตก

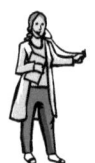

le médecin

หมอ

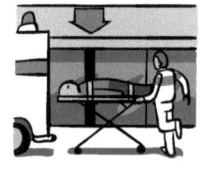

le service des urgences

ห้องฉุกเฉิน

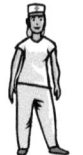

l'infirmière

พยาบาล

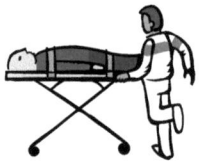

l'urgence

ฉุกเฉิน

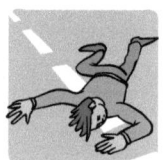

inconscient

หมดสติ

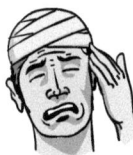

la douleur

อาการเจ็บปวด

la blessure

การบาดเจ็บ

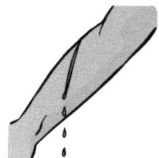

l'hémorragie

เลือดไหล

la crise cardiaque

หัวใจวาย

l'attaque cérébrale

โรคหลอดเลือดในสมอง

l'allergie

โรคภูมิแพ้

la toux

ไอ

la fièvre

ไข้

la grippe

ไข้หวัด

la diarrhée

ท้องเสีย

le mal de tête

การปวดหัว

le cancer

มะเร็ง

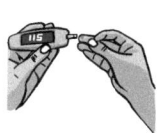

le diabète

โรคเบาหวาน

le chirurgien

ศัลยแพทย์

le scalpel

มีดผ่าตัด

l'opération

การผ่าตัด

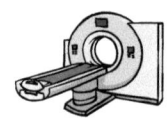

le CT

เครื่องเอกซเรย์คอมพิวเตอร์ควา
มเร็วสูง

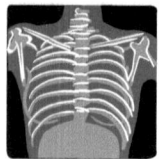

la radiographie

เอกซเรย์

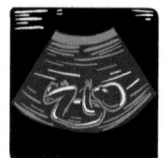

l'échographie

อัลตราซาวด์

le masque

หน้ากากอนามัย

la maladie

โรค

la salle d'attente

ห้องรอตรวจ

la béquille

ไม้เท้า

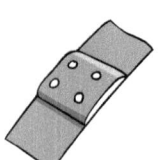

le pansement

ปลาสเตอร์ยา

le pansement

ผ้าพันแผล

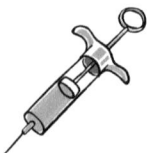

l'injection

ฉีดยา

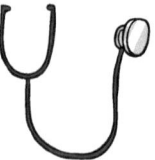

le stéthoscope

เครื่องฟังตรวจ

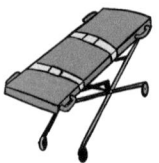

le brancard

เปลหาม

le thermomètre

ปรอทวัดไข้

l'accouchement

การเกิด

la surcharge pondérale

น้ำหนักเกิน

l'appareil auditif
เครื่องช่วยฟัง

le désinfectant
สารฆ่าเชื้อ

l'infection
การติดเชื้อ

le virus
ไวรัส

le VIH / le sida
เอชไอวี/เอดส์

le médicament
ยา

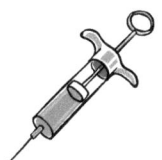

la vaccination
การฉีดวัคซีน

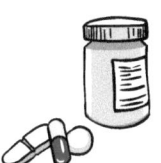

les comprimés
ยาเม็ด

la pilule
ยาเม็ดกลม

l'appel d'urgence
โทรออกฉุกเฉิน

le tensiomètre
เครื่องวัดความดันโลหิต

malade / sain
ป่วย/ สุขภาพดี

Au secours !
ช่วยด้วย!

l'alarme
สัญญาณเตือนภัย

l'assaut
การทำร้าย

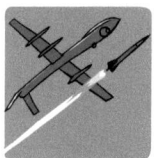

l'attaque
การโจมตี

le danger
อันตราย

la sortie de secours
ทางออกฉุกเฉิน

Au feu!
ไฟไหม้!

l'extincteur
ถังดับเพลิง

l'accident
อุบัติเหตุ

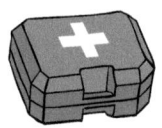

la trousse de premier secours
ชุดปฐมพยาบาลเบื้องต้น

SOS
สัญญาณขอความช่วยเหลือ

la police
ตำรวจ

l'Europe

ยุโรป

l'Amérique du Nord

อเมริกาเหนือ

l'Amérique du Sud

อเมริกาใต้

l'Afrique

แอฟริกา

l'Asie

เอเชีย

l'Australie

ออสเตรเลีย

l'Océan atlantique

แอตแลนติก

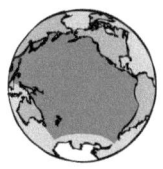

l'Océan pacifique

แปซิฟิก

l'Océan indien

มหาสมุทรอินเดีย

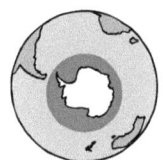

l'Océan antarctique

มหาสมุทรแอนตาร์กติก

l'Océan arctique

มหาสมุทรอาร์กติก

le Pôle nord

ขั้วโลกเหนือ

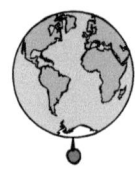

le Pôle sud

ขั้วโลกใต้

l'Antarctique

แอนตาร์กติกา

la terre

โลก

le pays

พื้นดิน

la mer

ทะเล

l'île

เกาะ

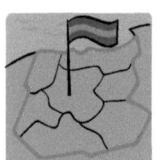

la nation

ชาติ/ประชาชาติ

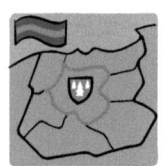

l'état

รัฐ

le cadran

หน้าปัดนาฬิกา

l'aiguille des heures

เข็มชั่วโมง

l'aiguille des minutes

เข็มนาที

l'aiguille des secondes

เข็มวินาที

Quelle heure est-il ?

กี่โมงแล้ว?

le jour

วัน

le temps

เวลา

maintenant

ตอนนี้

la montre digitale

นาฬิกาดิจิตอล

la minute

นาที

l'heure

ชั่วโมง

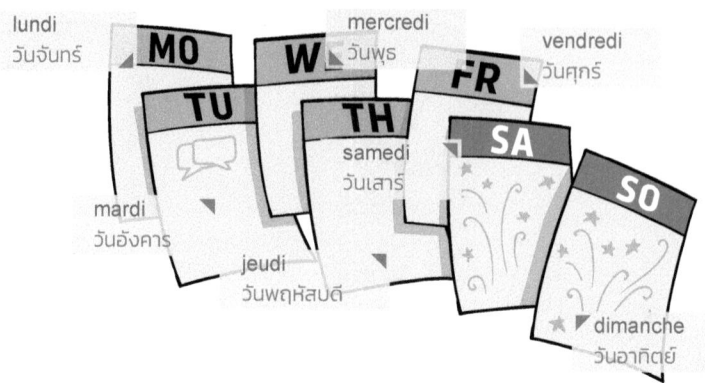

lundi
วันจันทร์

mercredi
วันพุธ

vendredi
วันศุกร์

mardi
วันอังคาร

jeudi
วันพฤหัสบดี

samedi
วันเสาร์

dimanche
วันอาทิตย์

hier

เมื่อวาน

aujourd'hui

วันนี้

demain

พรุ่งนี้

le matin

ตอนเช้า

le midi

ตอนเที่ยง

le soir

ตอนเย็น

les jours ouvrables

วันทำการ

le week-end

วันสุดสัปดาห์

l'année
ปี

la pluie
ฝนตก
l'arc-en-ciel
รุ้งกินน้ำ
la neige
หิมะ
le vent
ลม
le printemps
ฤดูใบไม้ผลิ
l'automne
ฤดูใบไม้ร่วง
l'été
ฤดูร้อน
l'hiver
ฤดูหนาว

4.APRIL 11°
5.APRIL 4°
6.APRIL 13°
7.APRIL 8°
8.APRIL 10°

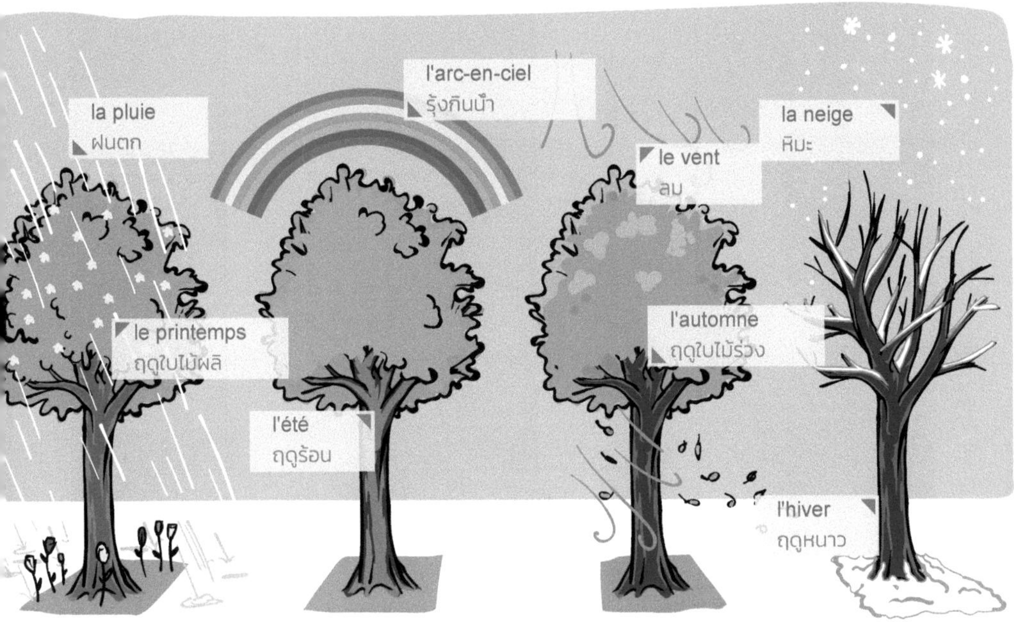

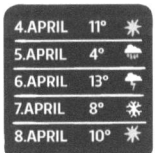

la météo
การพยากรณ์อากาศ

F
120
90
60
30
0
-30
C
40
30
20
10
0
-10
-20

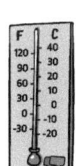

le thermomètre
เครื่องวัดอุณหภูมิ

la lumière du soleil
แสงแดด

le nuage
ก้อนเมฆ

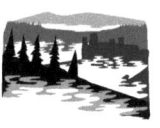

le brouillard
หมอก

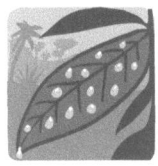

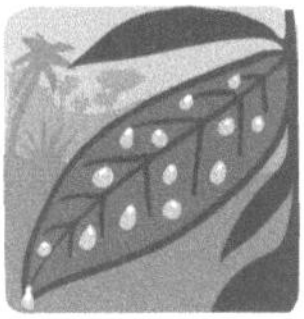

l'humidité
ความชื้น

la foudre

ฟ้าแลบ/ฟ้าผ่า

la tonnerre

ฟ้าร้อง

la tempête

พายุ

la grêle

ลูกเห็บ

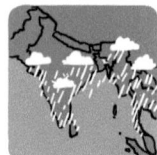

la mousson

ลมมรสุม

l'inondation

น้ำท่วม

la glace

น้ำแข็ง

janvier

มกราคม

février

กุมภาพันธ์

mars

มีนาคม

avril

เมษายน

mai

พฤษภาคม

juin

มิถุนายน

juillet

กรกฎาคม

août

สิงหาคม

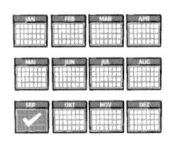

septembre
....
กันยายน

octobre
....
ตุลาคม

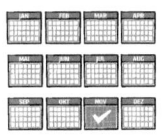

novembre
....
พฤศจิกายน

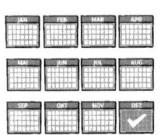

décembre
....
ธันวาคม

les formes
รูปร่าง

le cercle
....
วงกลม

le carré
....
สี่เหลี่ยม

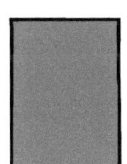

le rectangle
....
สี่เหลี่ยมผืนผ้า

le triangle
....
สามเหลี่ยม

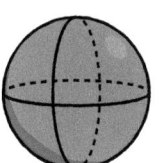

la sphère
....
ทรงกลม

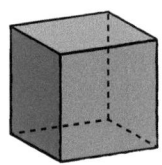

le cube
....
ลูกบาศก์

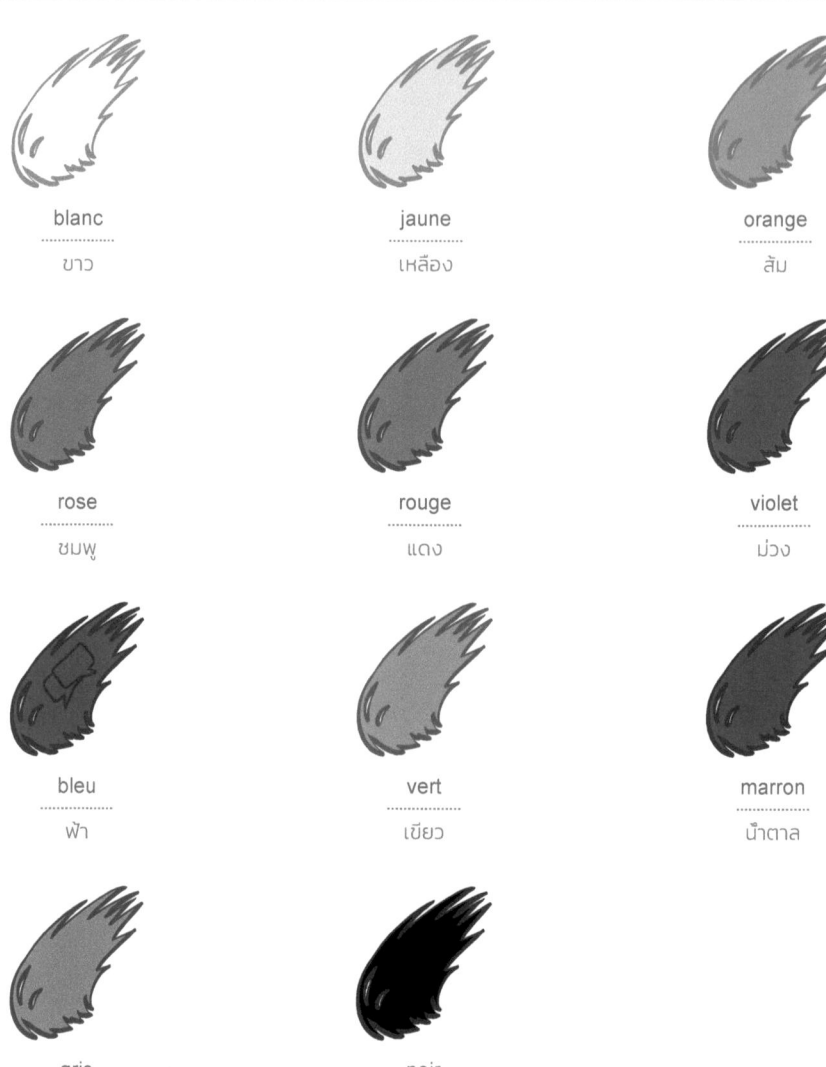

blanc
ขาว

jaune
เหลือง

orange
ส้ม

rose
ชมพู

rouge
แดง

violet
ม่วง

bleu
ฟ้า

vert
เขียว

marron
น้ำตาล

gris
เทา

noir
ดำ

beaucoup / peu

มาก/ น้อย

fâché / calme

ฉุนเฉียว/ สงบ

joli / laid

สวยงาม/ น่าเกลียด

le début / la fin

เริ่มต้น/ จบ

grand / petit

ใหญ่/ เล็ก

clair / obscure

สว่าง/ มืด

frère / soeur

น้องชาย,พี่ชาย/ น้องสาว,พี่สาว

propre / sale

สะอาด/ สกปรก

complet / incomplet

สมบูรณ์/ ไม่สมบูรณ์

le jour / la nuit

กลางวัน/ กลางคืน

mort / vivant

ตาย/ มีชีวิต

large / étroit

กว้าง/ แคบ

comestible / incomestible

กินได้/ กินไม่ได้

méchant / gentil

ชั่วร้าย/ ใจดี

excité / ennuyé

น่าตื่นเต้น/ น่าเบื่อ

gros / mince

อ้วน/ ผอม

le premier / le dernier

อย่างแรก/ สุดท้าย

l'ami / l'ennemi

เพื่อน/ ศัตรู

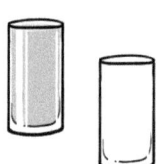

plein / vide

เต็ม/ ว่างเปล่า

dur / souple

แข็ง/ นุ่ม

lourd / léger

หนัก/ เบา

faim / soif

หิว/ กระหายน้ำ

malade / sain

ป่วย/ สุขภาพดี

illégal / légal

ผิดกฎหมาย/ ถูกกฎหมาย

intelligent / stupide

ฉลาด/ โง่

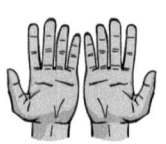

gauche / droite

ซ้าย/ ขวา

proche / loin

ใกล้/ ไกล

nouveau / usé

ใหม่/ ใช้แล้ว

rien / quelque chose

ไม่มี/ บางสิ่งบางอย่าง

vieux / jeune

แก่/ หนุ่ม

marche / arrêt

เปิด/ปิด

ouvert / fermé

เปิด/ ปิด

faible / fort

เงียบ/ ดัง

riche / pauvre

รวย/ จน

correct / incorrect

ถูก/ ผิด

rugueux / lisse

ขรุขระ/ เรียบ

triste / heureux

เศร้า/ ดีใจ

court / long

สั้น/ ยาว

lent / rapide

ช้า/ เร็ว

mouillé / sec

เปียก/ แห้ง

chaud / froid

อบอุ่น/ หนาวเย็น

la guerre / la paix

สงคราม/ สันติภาพ

0	**1**	**2**
zéro	un / une	deux
ศูนย์	หนึ่ง	สอง

3	**4**	**5**
trois	quatre	cinq
สาม	สี่	ห้า

6	**7**	**8**
six	sept	huit
หก	เจ็ด	แปด

9	**10**	**11**
neuf	dix	onze
เก้า	สิบ	สิบเอ็ด

12

douze

สิบสอง

13

treize

สิบสาม

14

quatorze

สิบสี่

15

quinze

สิบห้า

16

seize

สิบหก

17

dix-sept

สิบเจ็ด

18

dix-huit

สิบแปด

19

dix-neuf

สิบเก้า

20

vingt

ยี่สิบ

100

cent

หนึ่งร้อย

1.000

mille

หนึ่งพัน

1.000.000

le million

หนึ่งล้าน

les langues

l'anglais

ภาษาอังกฤษ

l'anglais américain

ภาษาอังกฤษแบบอเมริกัน

le chinois mandarin

ภาษาจีนแมนดาริน

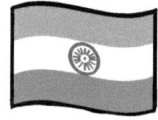

le hindi

ภาษาฮินดี

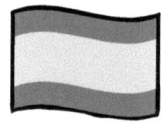

l'espagnol

ภาษาสเปน

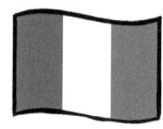

le français

ภาษาฝรั่งเศส

l'arabe

ภาษาอาหรับ

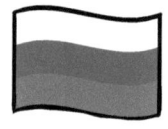

le russe

ภาษารัสเซีย

le portugais

ภาษาโปรตุเกส

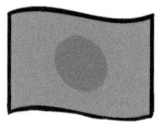

le bengali

ภาษาเบงกอล

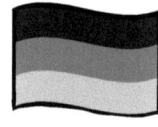

l'allemand

ภาษาเยอรมัน

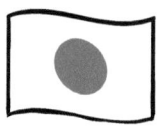

le japonais

ภาษาญี่ปุ่น

je

ฉัน

tu

เธอ

il / elle / ce, c', cela

เขา / หล่อน / มัน

nous

พวกเรา

vous

พวกคุณ

ils / elles

พวกเขา

Qui ?

ใคร?

Quoi ?

อะไร?

Comment ?

อย่างไร?

Où ?

ที่ไหน?

Quand ?

เมื่อไหร่?

le nom

ชื่อ

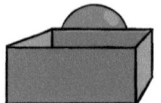

derrière

ข้างหลัง

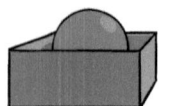

dans

ใน

devant

ข้างหน้า

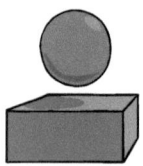

au-dessus

เหนือ

sur

บน

en-dessous

ใต้

à côté de

ด้านข้าง

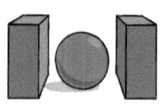

entre

ระหว่าง

le lieu

ตำแหน่ง